스크래치 3.0
START UP
스타트업 UP
코딩

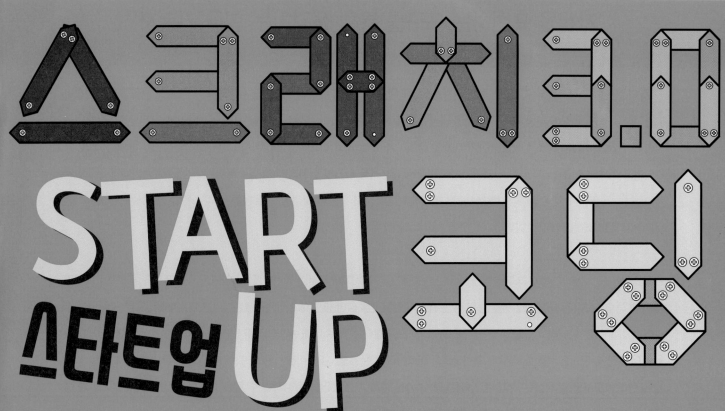

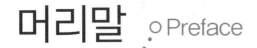 

머리말 ○ Preface

"자신을 표현하는 도구를 통해 생각하는 힘을 기르자!"

기술의 혁신이 사회·경제 구조의 변화를 이끄는 산업혁명은 1차에서 2차, 3차를 거치면서 기계화, 자동화의 산업구조를 형성하였습니다. 2016년 세상에 나온 용어, '4차 산업혁명'은 컴퓨팅 파워에 의해 세상이 변화할 것을 예고하였고, 현재 진행 중에 있습니다. 현존하는 직업의 50% 이상을 기계가 대체할 것이며, 단순한 사고를 요하는 분야까지도 인간이 아닌 인공지능의 자리가 될 것이라고 예측되고 있습니다. 4차 산업혁명으로 변화된 세상에서 인간의 일자리가 기계로 대체된다면, 인간은 더욱더 고도화된 사고를 할 수 있어야 할 것입니다. 세상의 모든 분야에서 컴퓨팅이 활용될 것이며, 컴퓨팅을 다루지 못할 경우에는 자신들의 전문분야에 대한 소질을 제대로 발휘하기 어려울 것이기 때문입니다.

세상을 바꾸는 기술, 그리고 그 기술을 움직이는 능력은 인간의 사고에서 비롯됩니다. 많은 사람들이 이야기합니다. 프로그래밍에 대한 능력, 소프트웨어를 개발하는 능력 등은 소수의 전문 엔지니어들만 갖고 있으면 되는 기술이지 미래의 모든 구성원이 갖추어야 하는 것은 아니라고 말입니다. 하지만 프로그래밍을 한다는 것은 미래 사회에서의 언어를 습득하는 것입니다. 언어를 사용하지 못하면, 자신의 의사를 정확히 표현하는데 어려움이 있을 것입니다. 마찬가지로 프로그래밍을 한다는 것은 자신의 생각을 표현하는 도구를 갖게 되는 것입니다. 컴퓨팅과 소통을 통해 자신의 꿈을 완성시킬 수 있을 것이며, 다양한 분야의 지식을 습득하고, 타인과 대화하고 공유하여 미래 사회에서 함께하는 문화의 주인공이 될 수 있을 것입니다.

프로그래밍 교육은 컴퓨팅 사고력(Computational Thinking)을 높이는 것이라고 합니다. 컴퓨팅 사고력은 컴퓨팅 파워를 활용할 것을 전제로 생활 속의 문제를 발견하고 문제 해결을 위해 정보를 수집, 분석해서 해결할 수 있는 능력을 의미합니다. 즉, 현재까지 한 번도 경험한 적이 없는 문제를 미래사회에서 직면했을 때, 컴퓨팅을 활용해 해결할 수 있는 능력을 기르는 것입니다. 세상에는 3,000여개의 교육용 프로그래밍 언어가 있다고 합니다. 본 책에서 다루는 스크래치(Scratch)는 전 세계적으로 프로그래밍 교육을 시작하는 학생들에게 가장 많이 활용되고 있는 교육용 프로그래밍 언어입니다. 따라서 세계의 다른 초보자들과 마찬가지로 프로그래밍에 대한 기초를 습득하고, 여러분의 생각을 프로그래밍으로 표현하는 즐거움을 만끽하시기 바랍니다.

저자 일동

책의 저자 ○Writers

이원규　연구분야 | 정보교육, 정보표현 및 모델, 정보관리, 교육정책

경력 |
- 고려대학교 문과대학 영어영문학과 졸업
- University of Tsukuba 공학 박사
- (현) 고려대학교 정보대학 컴퓨터학과 교수

저서 |
- 제7차 교육과정 중학교 '컴퓨터', 고등학교 '정보와 사회' 대표 저자
- 2007 개정 교육과정 중학교 '정보', 고등학교 '정보' 대표저자
- 2015 개정 교육과정 중학교 '정보', 고등학교 '정보' 대표저자
- '놀이로 배우는 컴퓨터과학', '레고 마이스톰', '스퀵 이토이로 배우는 프로그래밍', '두리틀로 배우는 프로그래밍' 외 다수의 정보교육 관련 대표 역자
- '정보교육론' 외 다수의 정보교육 관련 대표 저자

김자미　연구분야 | 정보교육, 교육과정평가, 교육정책

경력 |
- 이화여자대학교 사범대학 교육학과 졸업
- 고려대학교 대학원 컴퓨터교육학과 이학 박사
- (현) 고려대학교 교육대학원 컴퓨터교육전공 조교수

저서 |
- 2015 개정 교육과정 중학교 '정보', 고등학교 '정보' 대표저자
- 2015 개정 교육과정 경상북도교육청 중학교 '앱과 코딩' 대표저자
- '놀이로 배우는 컴퓨터과학' 외 다수의 정보교육 관련 대표 역자
- '우리가 가꾸는 올바른 정보 문화' 외 다수의 정보문화 관련 연구위원

안영희　연구분야 | 정보교육, 정보교사교육

경력 |
- 부산외국어대학교 공과대학 컴퓨터공학과 졸업
- 고려대학교 정보대학 컴퓨터학과 박사 수료
- 단국대학교 자유교양대학 출강
- 순천향대학교 기초공통교양학부 출강

저서 |
- 'MY Love 시리즈' 한글 2005, 한글 2007, 한글 2010, 한글 2014
- 'OKOKOK 알찬 예제로 배우는 시리즈' 엑셀 2007, 파워포인트 2007
- 'OK! Click 시리즈' 블로그 고급기능 스마트폰 활용하기, SNS로 소통하기 외 다수의 정보교육 관련 저서 집필

미리보기 ○Preview

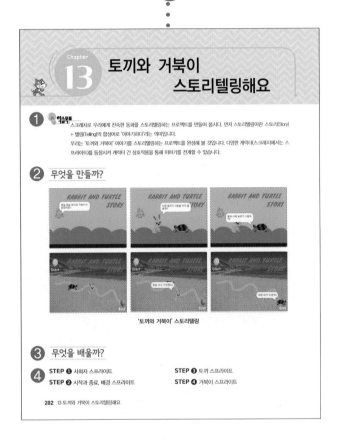

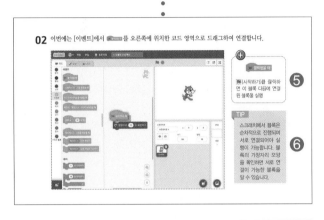

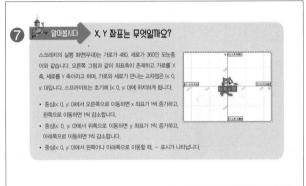

❶ **학습목표** 각 단원에서 배울 스크래치 프로젝트에 대한 소개와 배워야 할 내용을 읽어봅시다.

❷ **무엇을 만들까?** 완성된 스크래치 프로젝트를 미리 보면서 전체적인 흐름을 알아봅시다.

❸ **무엇을 배울까?** 소단원의 내용 소개와 함께 단계별로 어떤 내용을 배울지 살펴봅시다.

❹ **STEP 1~5** 각 STEP을 스크래치의 개념과 기능을 익히며 스크래치 프로그래밍을 합시다.

> **준비파일** ㅣ 단원에 따라 배경이나 스프라이트가 미리 지정되어 있는 준비파일이 제공됩니다. 준비파일을 사용하여 프로젝트를 만들어 봅시다.
>
> **완성파일** ㅣ 제공되는 완성파일을 통해 자신이 만든 프로젝트 파일을 확인하거나 참고하여, 나만의 창의적인 프로젝트를 만들어 봅시다.

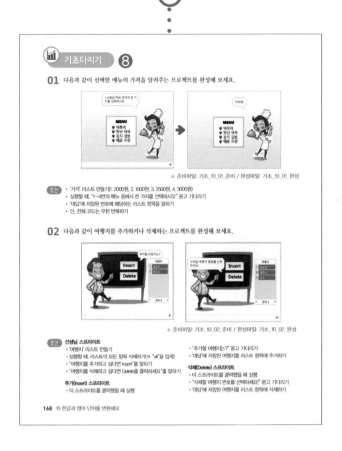

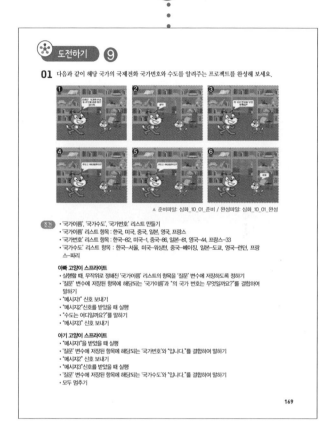

❺ **보충 설명** 스크래치 블록 또는 코드에 대한 이해를 돕기 위해 보충하여 설명합니다.

❻ **TIP** 스크래치에서 알아두면 편리한 내용을 제공하고 있는 "TIP"을 통해 배웁시다.

❼ **알아봅시다** 문제해결에 도움이 되는 스크래치 프로그래밍의 개념, 기능 등이 상세하게 제공됩니다.

❽ **기초다지기** 배운 내용을 활용하여 주어진 문제를 해결하며 스크래치 프로그래밍의 기초를 다져봅시다. 제시된 조건은 문제를 해결하는데 도움을 주며, 스크래치 프로그래밍의 완성도를 높이기 위한 준비파일과 완성파일도 제공됩니다.

❾ **도전하기** 배운 내용의 심화과정으로 문제를 해결하며 스크래치 프로그래밍의 실력을 높여 봅시다. 제시된 조건은 문제를 해결하는데 도움을 주며, 스크래치 프로그래밍의 완성도를 높이기 위한 준비파일과 완성파일도 제공됩니다.

※ '스크래치 3.0'은 Internet Explorer, Vivaldi, Opera, Silk를 지원하지 않습니다.
Google Chrome, Mozila Firefox, Microsoft Edge와 같은 브라우저를 사용하는 것을 권장합니다.

내려받기  ○ Download

이 책은 교학사 홈페이지 http://www.kyohak.co.kr에서 각 단원별로 스크래치 프로젝트를 제공하고 있습니다.

❶ [IT/기술/수험서] 메뉴에 마우스 커서를 올립니다.

❷ 아래 등장한 [도서 자료] 메뉴를 클릭합니다.

❸ 검색창에 "스크래치"를 입력하여 예제파일을 검색합니다.

❹ '스크래치 3.0 스타트업 코딩' 예제파일을 클릭합니다.

❺ 상단에 첨부파일을 클릭하여 다운로드합니다.

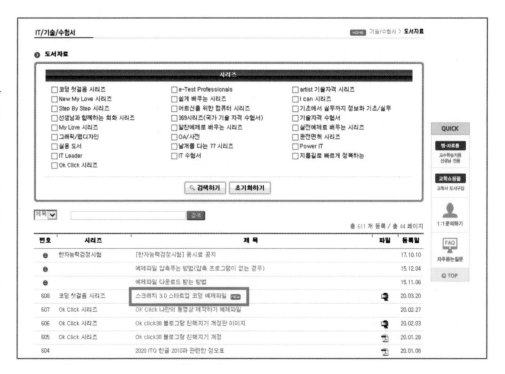

목차 ○ Contents

스크래치를 시작해요

학습목표
스크래치는 미국 MIT 미디어랩에서 운영하는 프로그래밍 언어로, 블록을 조립하듯이 프로그램을 작성할 수 있습니다. 스크래치 프로그램은 웹 사이트에서 회원가입하여 온라인에서 사용하거나 프로그램을 직접 설치하여 오프라인에서도 사용할 수 있습니다. 지금부터 스크래치 프로그램을 다운로드하여 오프라인에서 스크래치 프로그램을 실행하는 방법과 오프라인 에디터의 화면 구성 및 기능에 대해 알아봅시다.

무엇을 만들까?

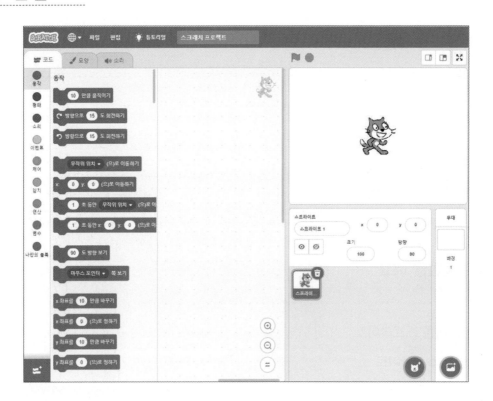

무엇을 배울까?

STEP ➊ 스크래치 프로그램 설치하기

STEP ➋ 스크래치 화면 살펴보기

STEP ➌ 스크래치 실행하고 저장하기

○STEP ❶ 스크래치 프로그램 설치하기

스크래치 프로그램은 미국의 매사추세츠 공과대학인 MIT 미디어랩(Media Lab)에서 2007년 1월에 개발한 교육용 프로그램으로 2019년 3월 현재 버전 3.0까지 출시되었습니다. 레고 모양으로 만들어진 명령 블록들을 연결하여 만드는 프로그램으로 프로그래밍을 처음 시작하는 경우에도 쉽게 배울 수 있습니다. 스크래치 프로그램은 현재 '스크래치 데스크탑 에디터(Scratch Desktop editor)'를 사용합니다.

- 프로그래밍 : 코딩(Coding)이라고도 하며 수식이나 작업을 컴퓨터에 알맞도록 정리해서 순서를 정하고 특정한 프로그래밍 언어를 이용해 구체적인 컴퓨터 프로그램으로 구현하는 기술
- 프로그래밍 언어 : 컴퓨터 시스템을 움직이기 위한 소프트웨어를 작성하기 위한 언어
- 교육용 프로그래밍 언어 : **교육용으로 만들어진 프로그래밍 언어**

  예) 스크래치, 두리틀, 러플, 이토이, 파이썬 등

01 지금부터 스크래치 프로그램을 설치하기 위해 스크래치 웹 사이트를 연결합니다.

▲ https://scratch.mit.edu/

02 스크래치 [소개]에는 스크래치 사용자나 스크래치와 관련된 학교, 연구 내용에 대하여 알 수 있습니다.

03 스크래치 [아이디어]에는 스크래치를 처음 시작하기 위한 프로젝트 안내와 스크래치 소개, 스크래치를 배우는데 필요한 가이드 등이 있습니다.

04 오프라인 상태에서도 스크래치를 사용할 수 있습니다. 스크래치 프로그램을 설치하기 위해 웹 사이트의 아래로 이동합니다. 그 다음, '다운로드'를 클릭합니다.

05 오프라인 에디터인 'Scratch App(스크래치 앱)'을 다운로드 받을 수 있습니다. 운영체제를 선택하면 그에 맞게 설치하는 방법이 설명되어 있습니다.

06 Windows 10 이상, macOS 10.13 이상, ChromeOS, Android 6.0 이상에서 무리 없이 사용할 수 있습니다. 마이크로소프트 스토어에서 스크래치 앱을 다운로드 하거나 '바로 다운로드'를 클릭하여 저장 후, 압축 파일을 풀어 설치합니다.

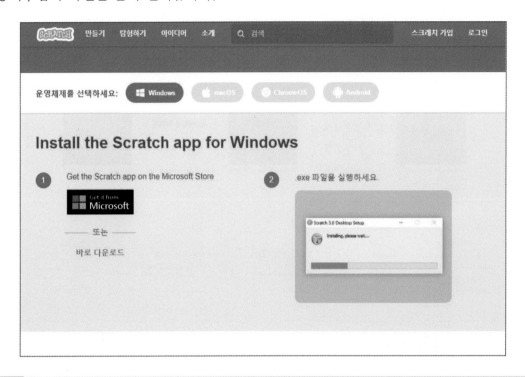

TIP

이 웹 페이지 아래에는 '이전 버전'이 있습니다. 여기서는 이전 버전인 Scratch 2.0 오프라인 에디터와 Scratch 1.4 오 프라인 에디터를 다운로드 받을 수 있습니다. Scratch 2.0 오프라인 에디터는 맥OS, 윈도, 리눅스(32비트) 운영 체제 에서 실행이 가능합니다. 3.0 버전과는 달리 반드시 Adobe AIR를 설치해야 합니다.

스크래치 1.4 오프라인 에디터를 설치하기 위한 시스템 요구사항은 해상도는 800 x 480 이상, 16비트 컬러 이상, 운영 체제는 윈도 2000 이상, 맥 OS X 10.4 이상, 우분투 리눅스 9.04 이상, 디스크 용량 120 메가바이트 이상의 저장 공간 이고 그 외 CPU, Sound/Video 용량은 아주 오래된 컴퓨터만 아니면 큰 문제가 없습니다.

07 스크래치 오프라인 에디터의 설치가 완료되면 스크래치 프로그램을 실행해 봅시다. 처음 스크래치를 설치한 경우 사용 언어가 영어로 되어 있습니다.

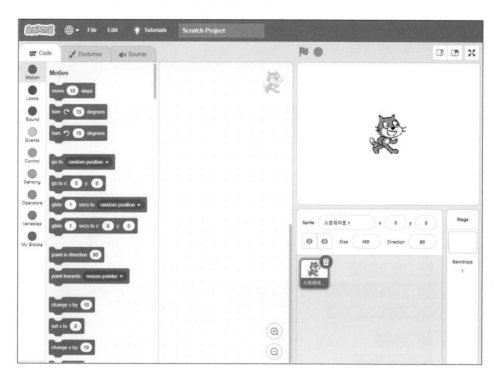

08 스크래치 프로그램에서 사용 언어 변경을 위해 메뉴에서 ⊕을 클릭합니다. 언어 목록이 표시되면 변경하고자 하는 언어를 선택합니다. 사용 언어를 '한국어'로 선택합니다.

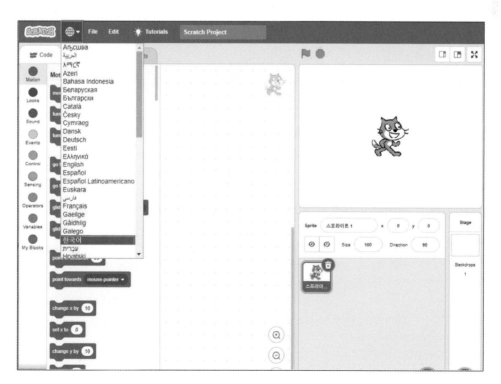

○STEP ❷ 스크래치 화면 살펴보기

01 스크래치 화면은 무대 영역, 코드 영역, 스프라이트 영역, 블록 팔레트 총 4개의 영역으로 나누어 각 영역의 기능을 살펴보겠습니다.

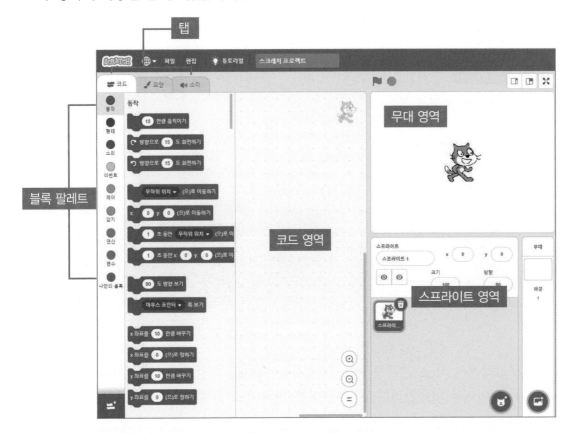

➔ 무대 영역

- 스프라이트의 코드가 실행되는 곳입니다.
- 오른쪽 위에 있는 아이콘들을 사용하여 무대 영역과 스프라이트 영역을 확대하거나 축소합니다.
- ⛶ (전체 화면)을 클릭하면 무대 영역을 전체 화면으로 볼 수 있습니다.

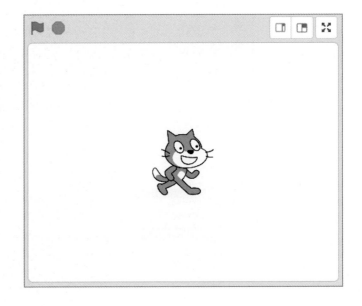

➡ 스프라이트 영역

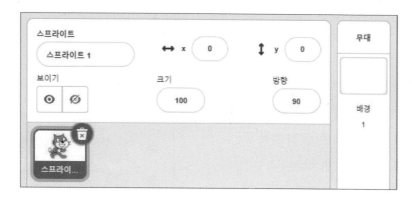

- 스프라이트는 무대 위에서 움직이는 개체입니다.
- 스프라이트 리스트는 현재 사용 중인 스프라이트의 종류를 확인할 수 있습니다.
- 새로운 스프라이트나 무대의 배경을 만들거나 불러올 수 있습니다.
- 스프라이트의 이름, 위치(x, y 좌표), 크기, 방향 등을 변경하거나 수정할 수 있습니다.

➡ 코드 영역

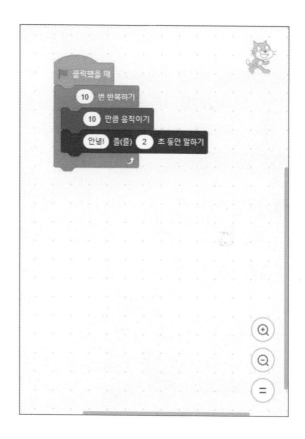

- 코드는 스프라이트를 동작하게 만드는 명령으로, 블록들을 조합하여 구성합니다.
- 코드 영역은 블록 팔레트에서 선택한 블록을 가져다 놓는 공간입니다. 코드 영역의 오른쪽 위에는 코드를 실행하는 스프라이트가 나타납니다.
- 코드 영역 오른쪽 아래에는 블록의 크기를 확대하거나 축소할 수 있는 아이콘이 있습니다.

➡ 블록 팔레트(Blocks Palette)와 탭(Tab)

* 스프라이트를 조작할 수 있는 구성 요소들이 있는 영역입니다.
* 코드, 모양, 소리를 조작할 수 있습니다.
  - [코드] 탭에서는 동작, 형태, 소리, 이벤트, 제어, 감지, 연산, 변수, 나만의 블록 등 총 9가지의 블록 모음 중에서 원하는 블록을 선택할 수 있습니다.
  - [코드] 탭에서는 동작, 형태, 소리, 이벤트, 제어, 감지, 연산, 변수, 나만의 블록 등 총 9가지의 블록 모음 중에서 원하는 블록을 선택할 수 있습니다.
  - ■(확장 기능 추가하기)를 클릭한 후, 원하는 기능을 선택하면 기존 블록 모음 아래에 블록 모음이 추가됩니다.

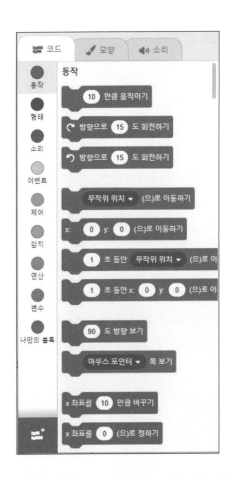

- [모양] 탭에서는 새로운 스프라이트를 만들거나 이미 선택된 스프라이트를 다른 모양으로 만들 수 있습니다. 윈도의 그림판과 유사하게 구성되어 있습니다.

- [소리] 탭에서는 새로운 소리를 추가하거나 이미 선택된 소리를 재생시킬 수 있습니다. 또한, 소리에 다양한 효과를 주거나 편집할 수 있습니다.

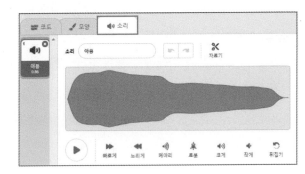

02 이번에는 스크래치의 화면을 구성하고 있는 도구들을 살펴보겠습니다. 각 도구들을 클릭하며 세부 도구들을 살펴보고, 그 기능을 알아봅시다.

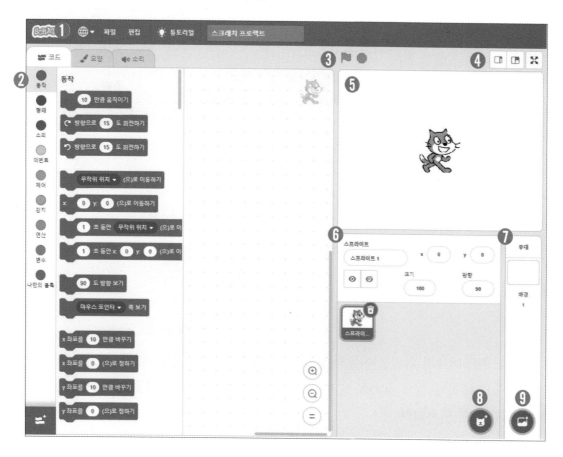

❶ 메뉴에서 스크래치에서 사용하는 언어를 선택하거나 파일, 편집 기능을 사용할 수 있습니다. 초보자라면 '튜토리얼'을 클릭하여 스크래치를 익힐 수 있습니다.

❷ 기능에 따라 블록들을 9개의 모음로 나누어 구분한 블록 모음입니다. 같은 모음의 블록들은 같은 색을 띕니다.

❸ ▶(시작하기)를 클릭하면 코드를 실행합니다. ●(멈추기)를 클릭하면 코드 실행을 중단합니다.

❹ ⬚⬚를 클릭하면 무대 영역이 확대되거나 축소됩니다.

❺ 무대는 스프라이트가 명령에 따라 동작하는 공간입니다.

❻ 스프라이트의 정보가 담겨있습니다. 스프라이트 이름, 위치(x 좌표, y 좌표), 크기, 방향을 변경하거나 수정할 수 있습니다. 또한, ⊙ ⊘ (보이기)를 클릭하면 무대에서 스프라이트가 보이거나 안 보이게 할 수 있습니다.

❼ 현재 무대의 배경이 나타납니다. 새로운 배경으로 변경할 수 있습니다.

❽ 새로운 스프라이트를 선택하거나 그릴 수도 있습니다. 또한, 내 컴퓨터에 저장된 이미지 파일을 스프라이트로 업로드할 수 있습니다. 새롭게 등장한 '서프라이즈'는 랜덤으로 스프라이트를 골라줍니다.

❾ 새로운 배경을 선택하거나 그릴 수도 있습니다. 또한, 내 컴퓨터에 저장된 이미지 파일을 배경으로 업로드할 수 있습니다. 새롭게 등장한 '서프라이즈'는 랜덤으로 배경을 골라줍니다.

 **X, Y 좌표는 무엇일까요?**

스크래치의 실행 화면(무대)는 가로가 480, 세로가 360인 모눈종이와 같습니다. 오른쪽 그림과 같이 좌표축이 존재하고 가로를 X축, 세로를 Y 축이라고 하며, 가로와 세로가 만나는 교차점은 (x: 0, y: 0)입니다. 스프라이트는 초기에 (x: 0, y: 0)에 위치하게 됩니다.

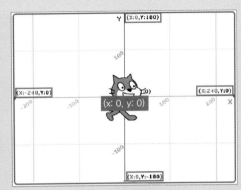

- 중심(x: 0, y: 0)에서 오른쪽으로 이동하면 x 좌표가 1씩 증가하고, 왼쪽으로 이동하면 1씩 감소합니다.
- 중심(x: 0, y: 0)에서 위쪽으로 이동하면 y 좌표가 1씩 증가하고, 아래쪽으로 이동하면 1씩 감소합니다.
- 중심(x: 0, y: 0)에서 왼쪽이나 아래쪽으로 이동할 때, – 표시가 나타납니다.

03 무대에서 스프라이트의 위치를 이동하면 무대 아래에 x 값과 y 값이 변경된 것을 확인할 수 있습니다. x: 0, y: 0에서 x: 104, y: 107로 변경되었습니다. 직접 x와 y 값을 입력하여 스프라이트의 위치를 변경할 수도 있습니다.

스크래치 온라인과 오프라인 에디터의 차이점은 무엇일까요?

스크래치 프로그램은 온라인과 오프라인에서 모두 사용할 수 있으며, 다른 점은 다음과 같습니다.

먼저, '프로젝트(스크래치 프로그램을 통해 만든 파일)'를 저장하는 방법입니다.

온라인은 반드시 로그인하여야 합니다. 저장 위치는 [파일] > [저장하기]를 클릭해 스크래치에서 제공하는 '내 작업실'에 저장하거나, [파일] > [컴퓨터에 저장하기]를 클릭해 사용중인 '내 PC'에 저장할 수 있습니다. 오프라인은 로그인 과정 없이 [파일] > [컴퓨터에 저장하기]를 클릭하여 내 컴퓨터에 저장합니다.

둘째, 프로젝트의 공유 여부입니다.

온라인의 '내 작업실'에 저장된 프로젝트는 스크래치를 사용하는 전 세계 사람들과 공유할 수 있습니다. 공유를 통해 프로젝트를 다운로드하여 사용할 수 있으며, 다시 공유할 수도 있습니다. 공유된 다른 사람들의 프로젝트를 'Remix(리믹스)'라고 합니다.

셋째, 스크래치 프로그램의 화면입니다.

온라인 화면에는 웹 주소창, 프로젝트 이름, 공유, 프로젝트 페이지 보기, 내 작업실, 계정, 개인 저장소가 표시됩니다.

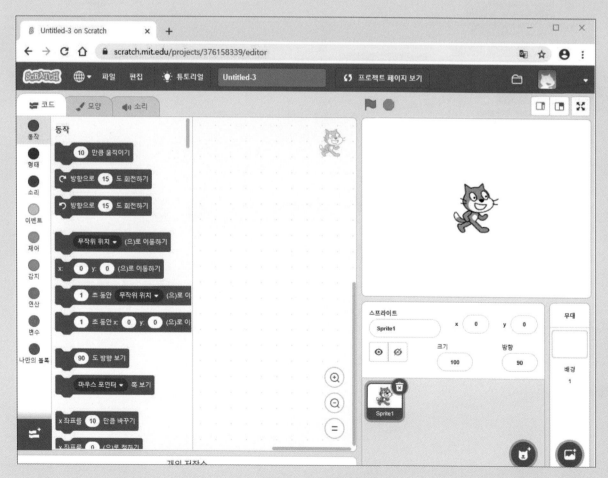

▲ 스크래치 3.0 온라인 에디터

○STEP ❸ 스크래치 실행하고 저장하기

스크래치 프로그램에서 사용되는 블록은 블록 팔레트에 기능에 따라 분류되어 있습니다. 블록을 드래그하여 코드 영역으로 이동하고, 블록들을 연결하여 스프라이트를 실행시킬 명령을 구성합니다. 이제 간단히 블록을 연결하여 회전하는 스프라이트를 만들고 실행하는 방법을 알아봅시다.

01 ▕🏴▏(시작하기)를 클릭할 때마다 제자리에서 회전하는 고양이 스프라이트를 만들어 봅시다. 블록 팔레트에서 [코드] 탭의 [동작]을 클릭합니다. ▕↻방향으로 15 도 회전하기▏를 코드 영역으로 드래그합니다.

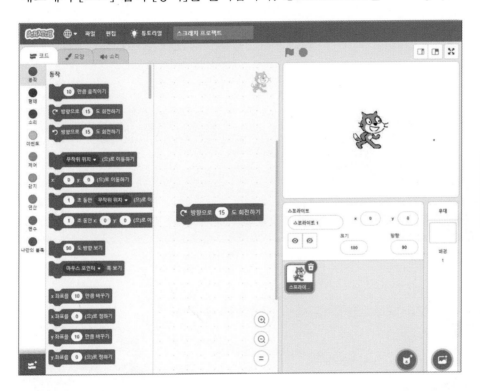

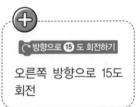

↻방향으로 15 도 회전하기
오른쪽 방향으로 15도 회전

TIP

블록 삭제 방법
① 코드 영역으로 이동된 블록에 마우스 오른쪽 버튼을 클릭한 후 [블록 삭제하기]를 선택합니다.
② 삭제하고자 하는 블록을 블록 팔레트로 다시 끌어넣습니다.

02 이번에는 [이벤트]에서 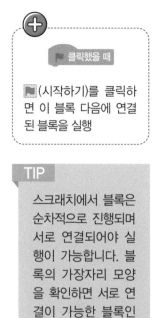를 오른쪽에 위치한 코드 영역으로 드래그하여 연결합니다.

⊕

📗 클릭했을 때

📗(시작하기)를 클릭하면 이 블록 다음에 연결된 블록을 실행

TIP

스크래치에서 블록은 순차적으로 진행되며 서로 연결되어야 실행이 가능합니다. 블록의 가장자리 모양을 확인하면 서로 연결이 가능한 블록인지를 알 수 있습니다.

03 결과를 확인하는 과정을 '프로그램(프로젝트)을 실행한다'고 말합니다. 📗(시작하기)을 클릭하여 실행시킵니다. 실행 중인 프로그램을 중지하려면 ⬤(멈추기)을 클릭합니다.

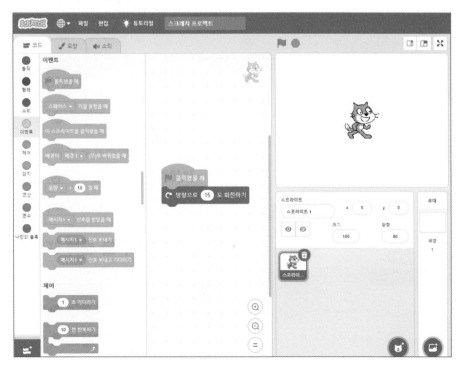

TIP

코드 영역의 블록을 클릭하면 프로그램의 일부만 실행해 볼 수 있습니다.

04 무대 영역의 ▶(시작하기)를 클릭할 때마다 고양이 스프라이트는 오른쪽 방향으로 15도씩 회전합니다.

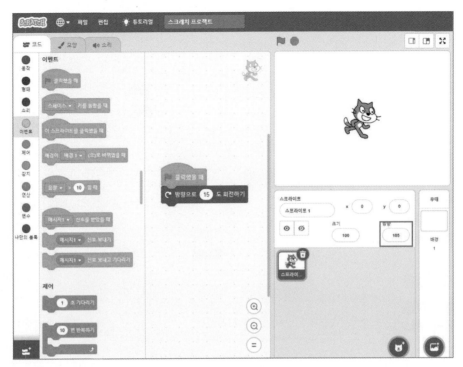

05 이제 완성된 프로젝트를 저장해 봅시다. 메뉴에서 [파일]을 클릭한 후 [컴퓨터에 저장하기]를 선택합니다.

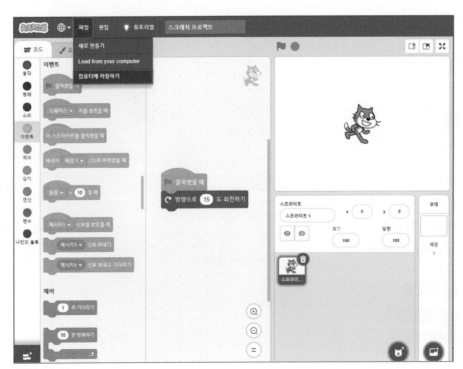

06 저장할 파일 이름은 "스크래치 연습"으로 입력한 후, [저장]을 클릭합니다.

TIP

파일의 확장자는 '파일명.sb3'가 됩니다. 저장할 때, 확장자인 *.sb3는 입력하지 않아도 자동으로 입력됩니다.

▲ 완성파일: 스크래치 연습

07 새로운 프로젝트 파일이 저장되었습니다. 저장한 파일 이름이 메뉴 가운데에 표시됩니다.

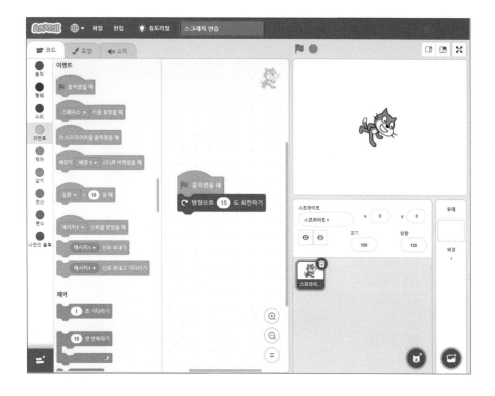

08 스크래치 프로그램을 종료해 봅시다. 실행 중인 프로그램을 종료하려면 오른쪽 위의 ⊠(닫기)를 클릭합니다.

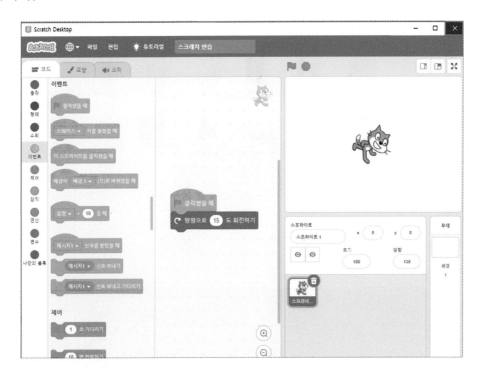

09 스크래치에서 저장한 프로젝트 파일을 불러와 봅시다. 저장한 프로젝트 파일을 불러오기 위해 메뉴에서 [파일] – [Load from your computer]를 선택한 후, 저장한 파일을 선택하고 엽니다.

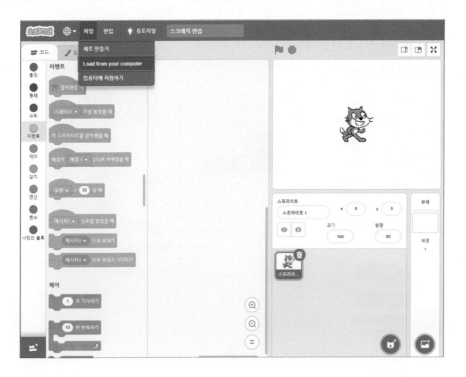

01 조건에 따라 프로젝트를 완성해 보세요.

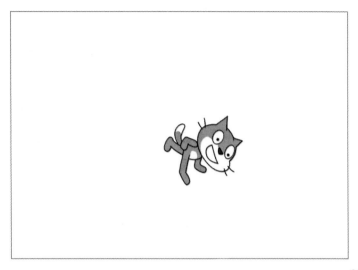

▲ 완성파일: 기초_01_01_완성

조건   (시작하기)를 클릭했을 때, 오른쪽으로 10만큼 이동한 후 시계 방향으로 15도씩 움직이기

02 조건에 따라 프로젝트를 완성해 보세요.

▲ 완성파일: 기초_01_02_완성

조건   (시작하기)를 클릭했을 때, 바라보는 방향을 아래로 변경하기

01 조건에 따라 프로젝트를 완성해 보세요.

▲ 완성파일: 심화_01_01_완성

조건 ▶(시작하기)를 클릭했을 때, 오른쪽으로 100만큼 이동한 후 'Hello!' 말하기

02 조건에 따라 프로젝트를 완성해 보세요.

▲ 완성파일: 심화_01_02_완성

조건 • 스페이스 키를 누를 때, 대각선 방향으로 이동하기
• 'Meow' 소리와 함께 '야옹~'을 1초 동안 말하기

Chapter 2 다양한 스프라이트를 만나요

학습목표

스프라이트는 스크래치 프로그램에서 사용되는 이미지입니다. 스프라이트는 삽입, 복사, 삭제가 가능하고 이미지 편집도 가능합니다. 스크래치 3.0은 다양한 스프라이트를 제공합니다. 또한 사용자가 직접 스프라이트를 만들거나 PC에 저장되어 있는 스프라이트를 업로드하여 사용할 수도 있습니다. 이제부터 스크래치에서 스프라이트를 활용하는 방법에 대해 자세히 알아봅시다.

무엇을 만들까?

스프라이트 복사하기

스프라이트 크기 조절하기

무엇을 배울까?

STEP ❶ 스프라이트 삽입, 복사, 삭제하기

STEP ❷ 스프라이트 수정하기

STEP ❸ 스프라이트 숨기기와 이름 변경하기

01 스프라이트 리스트의 오른쪽 아래에 있는 [스프라이트 고르기]를 클릭합니다.

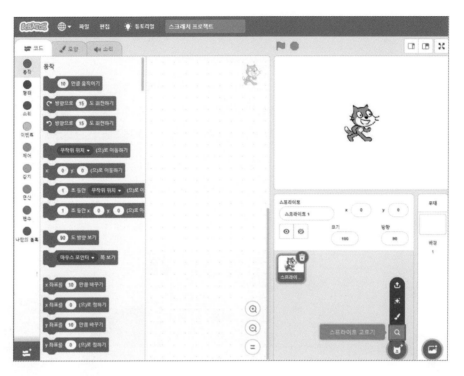

02 [스프라이트 고르기]에는 스크래치에서 제공되는 다양한 이미지들이 있습니다. 첫 화면은 스크래치에서 제공하는 모든 스프라이트를 보여줍니다. 스프라이트의 특성에 따라 9개의 항목으로 분류되어 있으며, 항목을 클릭하면 원하는 스프라이트를 빠르게 찾을 수 있습니다. 우리는 'Apple' 스프라이트를 선택합니다.

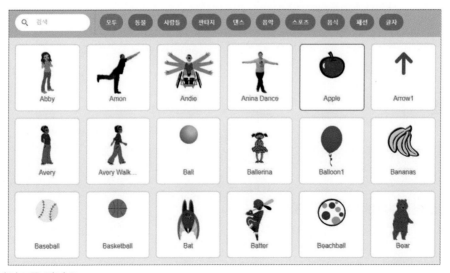

03 스크래치 화면의 무대 영역에 'Apple' 스프라이트가 보입니다.

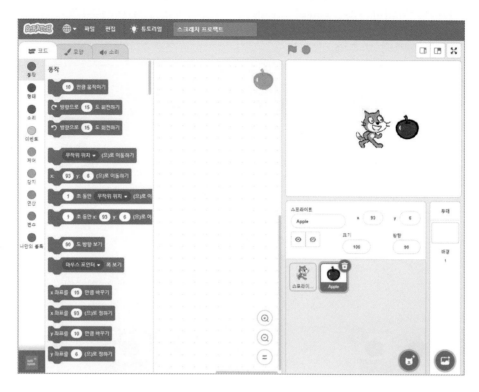

04 똑같은 'Apple' 스프라이트를 한 개 더 만들어 봅시다. 'Apple' 스프라이트에서 마우스 오른쪽 버튼을 클릭한 후 [복사]를 선택합니다. 복사는 똑같은 스프라이트가 한 개 더 생기는 기능입니다. 스프라이트가 복사되어 'Apple2'가 생겼습니다.

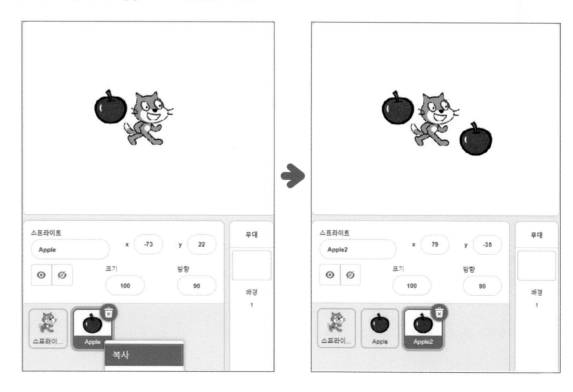

05 복사된 'Apple2' 스프라이트를 삭제해 봅시다. 'Apple2' 스프라이트에서 마우스 오른쪽 버튼을 클릭한 후 [삭제]를 선택합니다. 복사된 'Apple' 스프라이트가 삭제되었습니다.

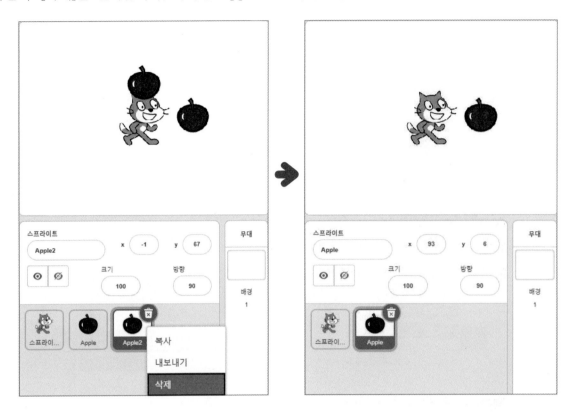

스프라이트 고르기

'스프라이트 고르기'에서 스프라이트를 선택할 수 있습니다.
(스프라이트 고르기), (그리기), (서프라이즈), (스프라이트 업로드)가 있습니다.

원하는 스프라이트 선택하기

(스프라이트 고르기)는 스크래치 프로그램에서 제공하는 스프라이트를 모아 놓은 곳입니다. 어떤 종류의 스프라이트가 있는지 확인해 봅시다.

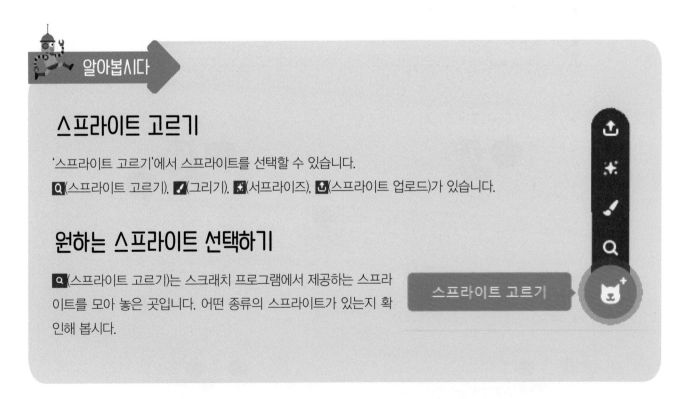

'모두'는 사용할 수 있는 모든 스프라이트를 보여줍니다. 스프라이트는 특성에 따라 '동물', '사람들', '판타지', '댄스', '음악', '패션', '글자'인 9개의 항목으로 나누어져 있습니다. 원하는 항목을 클릭하면 특성에 따른 스프라이트가 표시됩니다. 항목 내 스프라이트의 나열은 파일 이름을 기준으로 숫자, 알파벳 순입니다.

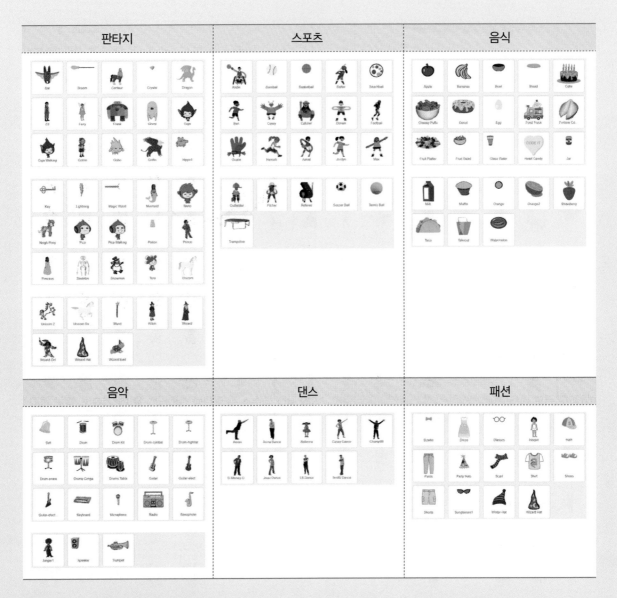

원하는 스프라이트 찾기

'스프라이트 고르기'에서 원하는 스프라이트를 찾는 방법으로 스프라이트의 이름을 직접 입력하여 찾는 방법이 있습니다. 대소문자를 구분하지 않으며, 입력한 키워드를 포함하는 스프라이트 이름을 가진 모든 스프라이트와 관련 있는 스프라이트를 모두 보여줍니다.

▲ 'cake'을 검색한 경우

▶ 'ball'을 검색한 경우

스프라이트 직접 그리기

스크래치에서 제공하고 있는 스프라이트 외에 사용자가 직접 스프라이트를 그려서 사용할 수 있습니다. 그리기를 통해 원 도형을 그리는 방법과 색, 형태, 지우기, 텍스트를 추가하는 방법을 알아봅시다. ✏(그리기)를 선택합니다.

그리기

그리기 도구에서 ◯(원)을 선택한 후 드래그하여 원하는 크기의 원을 그릴 수 있습니다.	도형의 크기는 ▶(선택)한 후 가장자리의 8개의 점을 드래그하여 원의 크기를 조절할 수 있습니다.	도형의 색은 ▶(선택)을 클릭한 후 '채우기 색'에서 변경색을 선택합니다. 색은 색상, 채도, 명도를 조절합니다.
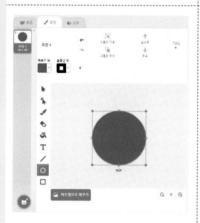		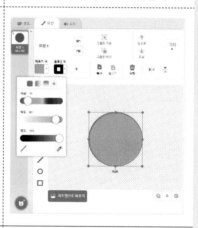
도형 모양은 ▶(형태 고치기)를 클릭한 후 도형을 조절점을 드래그하여 원하는 모양으로 고칩니다.	도형의 일부를 지우려면 ◢(지우개)를 클릭한 후 드래그하여 지웁니다.	스프라이트에 텍스트를 추가하려면 Ｔ(텍스트)를 클릭한 후 텍스트 상자에 입력합니다. 텍스트 색은 '채우기 색'에서 변경합니다.
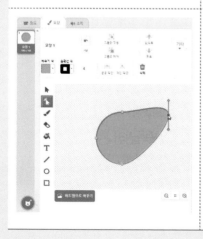		

스프라이트 파일 업로드하기

스크래치에서 제공하고 있는 스프라이트 외에 외부에서 스프라이트를 불러와 사용할 수 있습니다. 현재 사용하고 있는 컴퓨터나 외장 디스크에 저장된 이미지 파일을 사용하는 방법을 알아봅시다. 🖌(스프라이트 업로드하기)를 선택합니다.

[열기] 창에서 업로드할 파일을 선택한 후 [열기]를 선택합니다.	스프라이트 영역에 새로운 스프라이트가 업로드되었습니다. 새로운 스프라이트는 무대 영역에도 표시됩니다.

Q STEP ❷ 스프라이트 수정하기

스프라이트의 모양을 수정하여 사용할 수 있습니다. 스프라이트의 모양을 상하 방향이나 좌우 방향으로 뒤집거나 크기, 이동, 색, 형태 등을 변형할 수 있습니다. 스프라이트를 자유자재로 변형하여 활용하는 방법을 알아봅시다.

01 코드 영역의 [모양] 탭을 클릭합니다. 왼쪽에는 스프라이트의 종류에 따라 여러 개의 변형된 스프라이트 모양이 나타납니다. 'parrot-a'를 클릭한 후 ◄|► (좌우 뒤집기)를 클릭해 봅시다.

02 이번에는 'parrot-b'를 클릭한 후 ▨ (상하 뒤집기)를 클릭합니다.

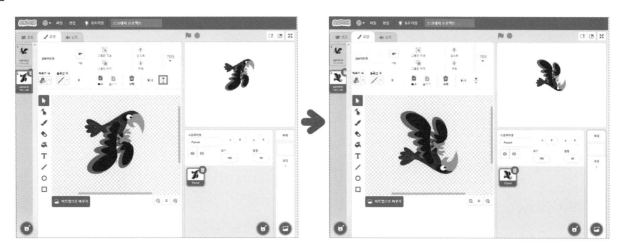

스크래치에서 스프라이트의 모양을 비트맵과 벡터 모드에서 변경하거나 수정할 수 있습니다. 비트맵과 벡터 모드에 대하여 알아봅시다.

비트맵(Bitmap) 모드

스크래치의 비트맵 모드는 이미지를 비트맵 이미지로 변환한 상태로 사용합니다.

• 비트맵 이미지 특징

- 이미지를 아주 조그만 단위의 점(dot)으로 표시하여, 사진처럼 자연스러운 이미지를 표현하기에 유리합니다.
- 작은 그림을 크게 출력할 경우, 이미지가 깨져서 그림의 경계가 계단처럼 보입니다.
- 스크래치의 비트맵 모드에서는 ▶(선택)을 클릭하고 드래그하면 이미지의 일부분을 잘라서 이동할 수 있습니다.

▲ 스크래치의 비트맵 모드

벡터(Vector) 모드

스크래치의 벡터 모드는 이미지를 벡터 이미지로 변환한 상태로 사용합니다.

• 벡터 이미지 특징

- 이미지를 디지털화하여 저장할 때 그림을 점이나 직선, 곡선 등의 좌표를 수학적으로 기록해 저장하는 방식입니다.
- 작은 데이터 용량만으로도 이미지를 표현하며, 확대나 축소를 해도 이미지가 깨지지 않는다는 장점이 있습니다.
- 스크래치의 벡터 모드에서는 ▶(선택)을 클릭하면 이미지의 전체 크기를 조절하거나 위치를 이동할 수 있습니다.

▲ 스크래치의 벡터 모드

03 이제 스프라이트의 크기를 조절해 볼까요?

스프라이트의 크기 조절은 벡터 모드 상태에서 가능합니다. 벡터 모드의 왼쪽 메뉴에서 ▶(선택)이 선택된 상태로 스프라이트를 클릭합니다. 스프라이트 가장자리의 점을 원하는 방향으로 끌어 크기를 조절합니다.

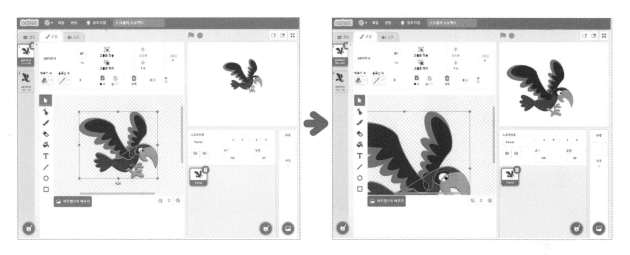

TIP

이미지 편집에서 작업 내용 취소를 하기 위해서는 ↰ 나 ↱ 버튼을 사용합니다.

04 이번에는 스프라이트의 위치를 이동합니다. 위치 이동도 벡터 모드에서 ▶(선택)이 선택된 상태에서 가능합니다. 위치 이동은 스프라이트를 선택한 상태에서 손 모양이 나타나면 원하는 방향으로 끌어 위치를 이동합니다.

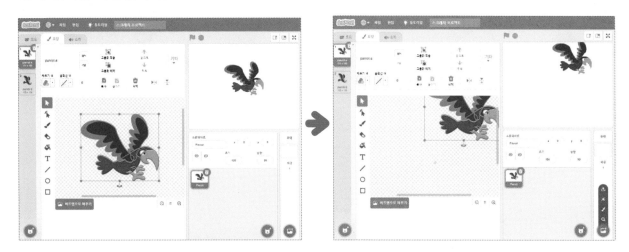

05 스프라이트의 회전도 벡터 모드에서 ▶(선택)이 선택된 상태에서 가능합니다. 스프라이트의 아래
▣를 원하는 방향으로 끌어옵니다.

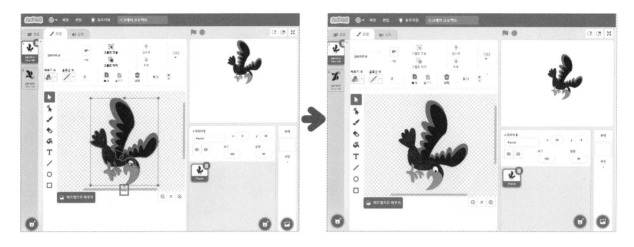

06 스프라이트의 형태를 변형하려면 ▲(형태 고치기)를 선택한 상태에서 가능합니다.
메뉴에서 ▲(형태 고치기)를 클릭하면 이미지에 조절점이 생깁니다. 조절점을 원하는 방향으로
드래그하면 형태를 변형할 수 있습니다.

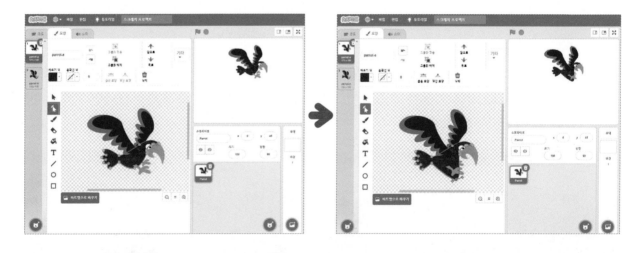

> **TIP**
>
> 이때, 사용하는 스프라이트는 벡터 모드에서만 가능합니다. 만약, 작업 중 비트맵 이미지로 변환한 경우는 사용할 수
> 없습니다.

07 (채우기 색)을 클릭하고 '채우기 색'에서 그러데이션, 색상, 채도, 명도 등을 선택하여 스프라이트의 색을 다양하게 변형할 수 있습니다.

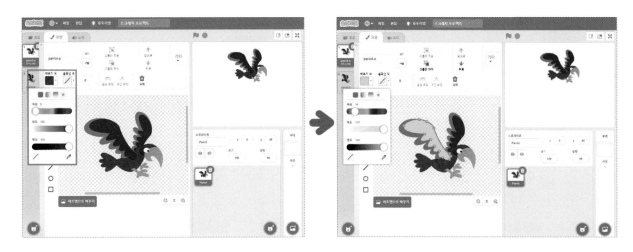

08 (복사)를 클릭한 후, (붙이기)를 클릭하면 스프라이트가 복사됩니다. 그리고 (삭제)를 클릭하면 복사된 스프라이트가 삭제됩니다. **STEP ❶**과 달리 스프라이트가 복사돼도 스프라이트 영역에는 한 개의 스프라이트만 표시됩니다.

09 스프라이트에 텍스트를 추가하기 위해 (텍스트)를 클릭해 봅시다. 그 다음 원하는 위치에 텍스트를 입력합니다. 원하는 글자 색이나 글꼴도 선택할 수 있습니다. 스크래치 3.0부터는 한글 입력이 가능해졌습니다.

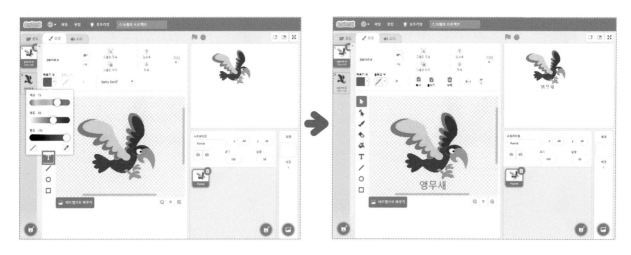

![알아봅시다]

사진을 찍어 스프라이트로 만들기

내 PC에 카메라가 있거나 스마트폰이 있다면 직접 사진을 찍어 스크래치의 스프라이트로 활용할 수 있습니다. [모양] 탭에서 (카메라)를 클릭합니다.

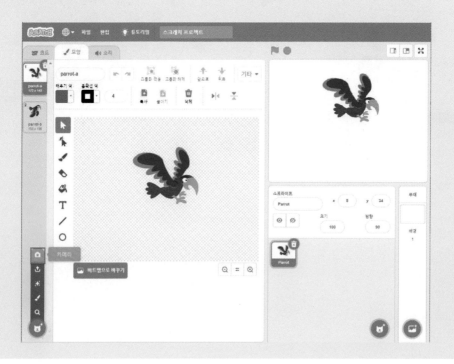

[사진 찍기] 창에서 '사진 찍기'를 클릭해 원하는 피사체의 사진을 찍은 후, [저장]을 클릭합니다. 저장된 사진이 새로운 스프라이트로 추가된 것을 확인할 수 있습니다.

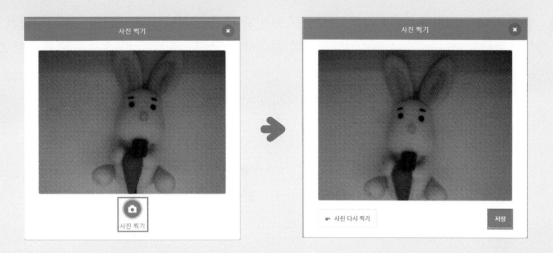

[모양] 탭에서 추가된 스프라이트를 편집할 수 있습니다. [벡터로 바꾸기]를 클릭하여 벡터 상태의 이미지로 변경합니다. ▶(선택)을 클릭하여 크기와 위치를 조정합니다.

○STEP ❸ 스프라이트 숨기기와 이름 변경하기

01 현재 선택된 스프라이트를 무대 영역에서 보이지 않게 하려면 ⌀를 클릭합니다. 다음과 같이 무대 영역에서는 'Apple' 스프라이트가 보이지 않습니다. 스프라이트를 다시 보이게 하려면 스프라이트에서 ⊙를 클릭합니다.

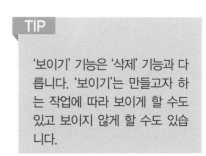

> **TIP**
>
> '보이기' 기능은 '삭제' 기능과 다릅니다. '보이기'는 만들고자 하는 작업에 따라 보이게 할 수도 있고 보이지 않게 할 수도 있습니다.

02 삽입한 스프라이트의 이름을 변경해 봅시다. 이름을 클릭하여 활성화한 후 원하는 이름을 입력합니다. 'apple'을 '사과'로 변경해 봅시다.

01 다음 스프라이트를 고르고 이름을 각각 '하마'와 '마법사'로 변경해 보세요. 이때, '하마' 스프라이트는 숨겨 보세요.

▲ 완성파일: 기초_02_01_완성

02 문제 **01**의 스프라이트 '하마'를 좌우 뒤집기 시키고 '마법사'의 옷 색상을 변경해 보세요.

▲ 완성파일: 기초_02_02_완성

01 다음과 같은 스프라이트를 선택하고 크기와 위치를 마음대로 변형해 보세요.

▲ 완성파일: 심화_02_01_완성

02 문제 **01**에 배경을 적용합니다. 필요한 스프라이트는 추가하고, 불필요한 스프라이트는 삭제하여 더 멋진 공연 무대를 완성해 보세요.

▲ 완성파일: 심화_02_02_완성

움직이는 스프라이트를 만들어요

학습목표

스프라이트는 코드를 통해 원하는 방향으로 이동하거나 움직임을 제어할 수 있습니다. 또한, 스프라이트의 모양이 여러 개인 경우는 스프라이트의 모양을 바꿀 수도 있습니다.

이제 스프라이트를 이동하거나 제어하는 방법과 스프라이트의 모양을 바꾸는 방법에 대해 알아볼까요?

무엇을 만들까?

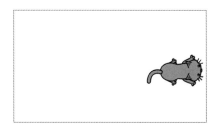

이동하는 고양이

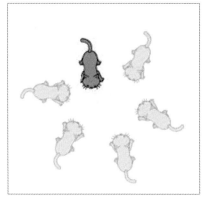

원을 그리며 이동하는 고양이

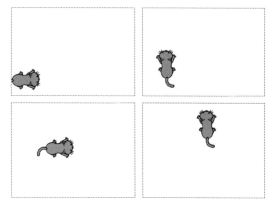

오른쪽 위로 이동하는 고양이

무엇을 배울까?

STEP ❶ 반복하여 움직이는 고양이 만들기

STEP ❷ 고양이 동작 제어하기

STEP ❸ 모양을 바꾸는 하마 만들기

⚲ STEP ❶ 반복하여 움직이는 고양이 만들기

스프라이트가 움직인다면 다양한 장면을 만들 수 있습니다. 간단한 이동과 정지를 반복하는 고양이 스프라이트를 만들어 봅시다. 물론, 움직임에 대한 반복의 횟수를 지정하거나 움직이는 거리를 제어할 수 있습니다. 먼저, 아래와 같이 움직이는 고양이를 만들어 봅시다.

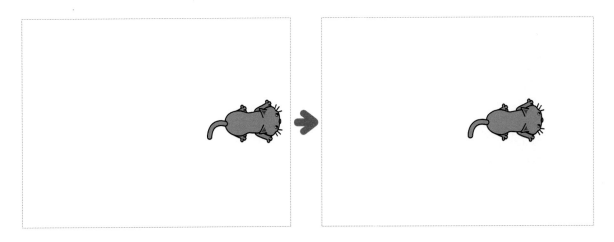

01 ◉(스프라이트 고르기)을 클릭하여 'Cat2' 스프라이트를 선택합니다.

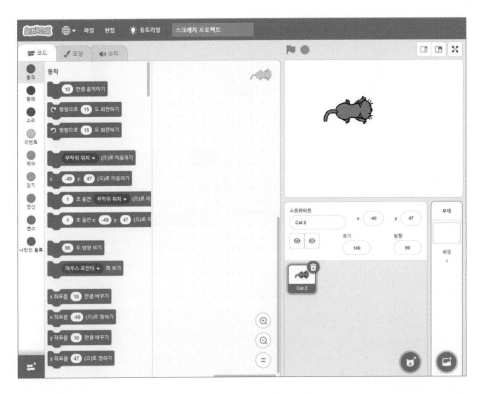

02 고양이를 움직이게 하기 위해 [동작]에서 ⬛⑩만큼움직이기 를 가져옵니다. ⬛⑩만큼움직이기 를 클릭할 때마다 10만큼씩 고양이가 움직이는 것을 확인할 수 있습니다.

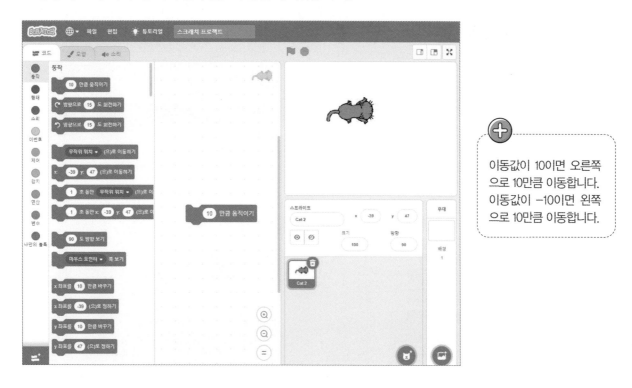

이동값이 10이면 오른쪽으로 10만큼 이동합니다. 이동값이 -10이면 왼쪽으로 10만큼 이동합니다.

03 [제어]에서 ⬛①초기다리기 를 찾아 아래와 같이 연결합니다. 그러면 고양이가 오른쪽으로 10만큼 이동한 후 1초 동안 기다립니다.

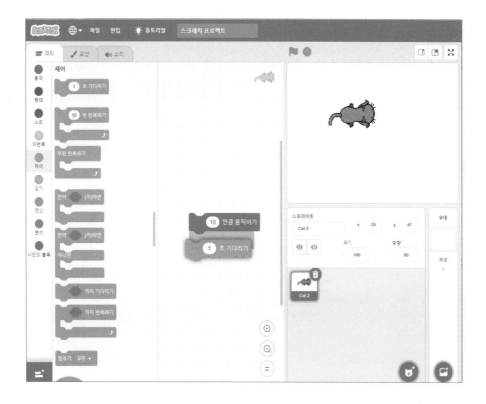

04 고양이의 이동을 반복하기 위해 블록들을 복사해 볼까요? 블록에서 마우스 오른쪽 버튼을 클릭한 후 [복사하기]를 선택합니다.

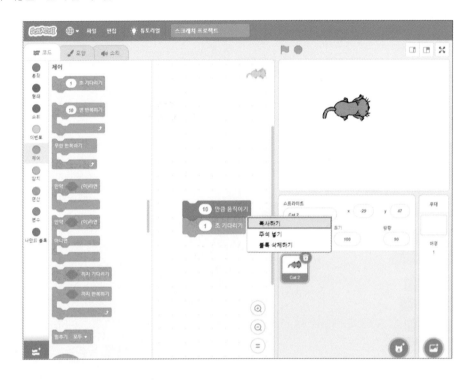

05 블록의 복사나 삭제는 선택한 블록의 위치에 따라 범위가 다릅니다. 여러 블록이 연결된 경우 선택된 블록을 기준으로 아래로 연결된 블록은 모두 하나의 블록 범위가 됩니다. 즉, 맨 위에 있는 블록을 선택하면 모든 블록을 선택한 것과 같습니다.

두 번째 블록을 선택하여 복사한 경우

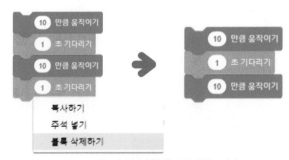

네 번째 블록을 삭제한 경우

TIP

주석 넣기
주석은 블록과 관련된 설명을 남기고 싶을 때 사용하는 기능입니다. 블록을 복사하거나 삭제하면 추가된 댓글도 함께 복사되거나 삭제됩니다.

06 블록을 반복해서 복사하여 다음과 같이 연결합니다. 그러면 10만큼 오른쪽으로 이동한 후 1초 간 기다리는 동작을 4번 반복합니다.

07 반복 횟수가 많은 경우는 위와 같은 방법으로 블록을 복사해 이어붙이기는 번거롭습니다. 지금보다 간단하게 블록을 구성해 봅시다. 계속 반복할 블록 2개만 남기고 삭제합니다.

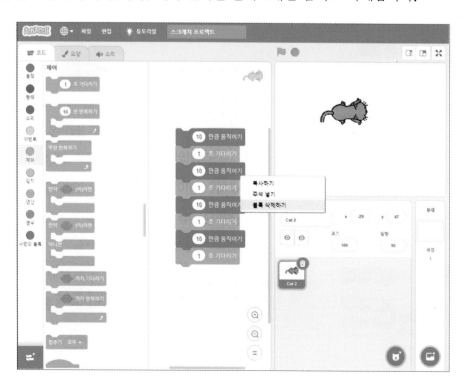

08 [제어]의 ●10 번 반복하기 를 연결해 원하는 횟수만큼 블록을 반복해 봅시다. 다음과 같이 블록이 어디에 위치할지 자리가 표시됩니다.

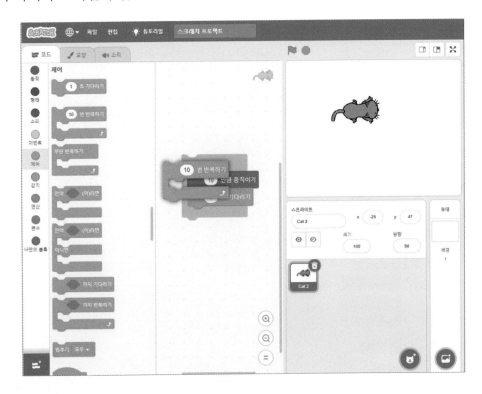

09 완성된 프로젝트를 실행시키기 위해 [이벤트]의 ●클릭했을 때 를 연결합니다.

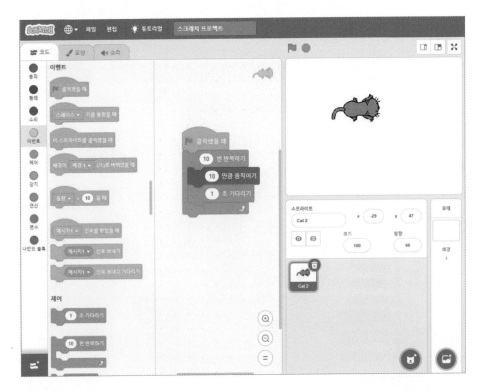

▲ 완성파일: 03_01_완성

○ STEP ❷ 고양이 동작 제어하기

01 다음과 같이 반복 횟수를 100으로 증가하면 어떻게 될까요?

무대 영역의 크기의 다시 한 번 생각해 보면 중심에서 좌우 각각 240, 상하 각각 180입니다. 만약, 10만큼씩 100번 반복하면 1000만큼 이동하게 됩니다.

이렇게 되면, 아래 그림과 같이 고양이 스프라이트는 우리가 볼 수 있는 영역을 벗어나게 되어 꼬리만 보이고, 보이지는 않지만 100번만큼 계속 이동 중입니다.

02 동작을 반복하여도 고양이 스프라이트가 무대에서 계속 보이도록 하려면 어떻게 해야 할까요? 이 때, [벽에 닿으면 튕기기]를 사용합니다. 고양이가 무대 벽에 닿으면 무대 밖을 벗어나지 않고 반대로 튕겨 돌아와 블록 명령을 수행합니다.

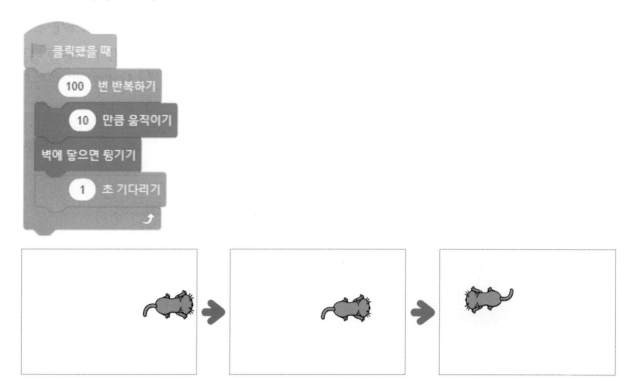

03 원을 그리는 고양이를 만들어 볼까요? 그럼 [↻방향으로 15 도 회전하기] 나 [↺방향으로 15 도 회전하기] 를 사용해 아래와 같이 동작하도록 만들 수 있습니다.

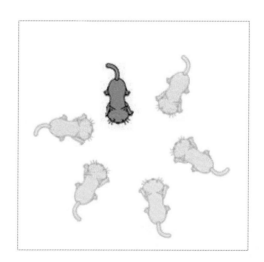

▲ 완성파일: 03_02_완성

04 이번에는 지정한 위치에서 반복하여 이동하는 코드를 만들어 봅시다.
아래와 같이 오른쪽과 위쪽으로 향하는 고양이 스프라이트가 이동합니다.

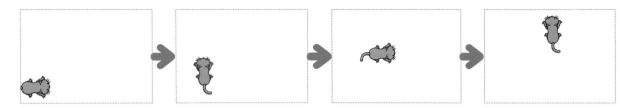

05 [동작]의 x: -200 y: -100 (으)로 이동하기 를 사용해 출발 위치를 지정합니다. 90 도 방향 보기 를 추가해 스프라이트가
오른쪽 방향을 보고 이동합니다. 10 번 반복하기 를 사용하여 반복 횟수를 정합니다. 오른쪽으로 30만큼
위쪽으로 30만큼씩 10번 반복하여 이동합니다.

▲ 완성파일: 03_03_완성

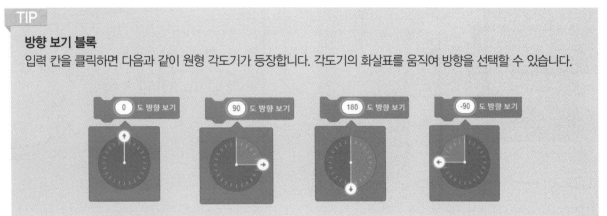

TIP

방향 보기 블록
입력 칸을 클릭하면 다음과 같이 원형 각도기가 등장합니다. 각도기의 화살표를 움직여 방향을 선택할 수 있습니다.

○STEP ❸ 모양을 바꾸는 하마 만들기

스프라이트 중에는 여러 개의 모양을 가지고 있는 스프라이트들이 있습니다. [모양] 탭에서 모양을 선택하거나 블록을 사용하여 변경할 수 있습니다.

아래 두 스프라이트를 살펴봅시다. 'Cat' 스프라이트의 경우는 두 개의 모양이 있습니다.

▲ 'cat-a'

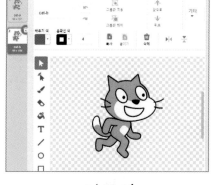
▲ 'cat-b'

'Dot' 스프라이트의 경우는 네 개의 모양이 있습니다.

▲ 'dot-a'

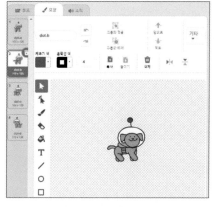
▲ 'dot-b'

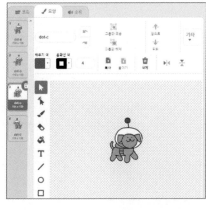
▲ 'dot-c'

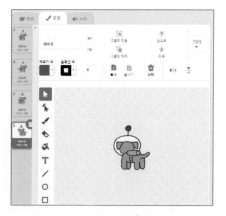
▲ 'dot-d'

01 하마 스프라이트의 모양을 바꾸는 코드를 만들어 봅시다. 스프라이트 고르기에서 'Hippo1' 스프라이트를 가져옵니다.

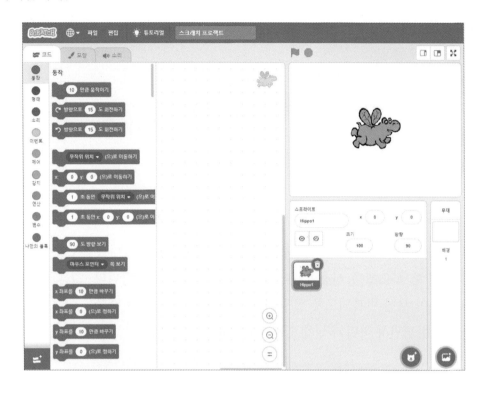

02 [모양] 탭을 선택하여 'Hippo1' 스프라이트의 모양을 확인합니다. 'hippo1-a' 과 'hippo1-b' 모양이 있습니다. 기본 모양인 'hippo1-a'을 선택한 상태에서 작업을 진행합니다.

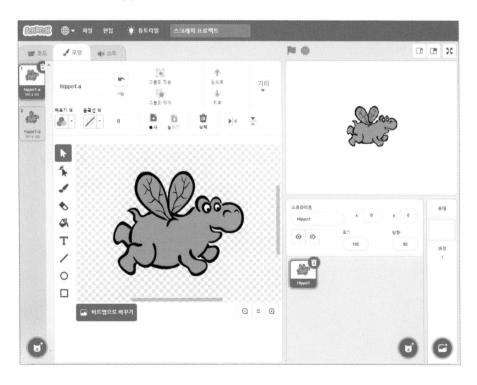

03 'hippo1-a'와 'hippo1-b'를 모두 사용하기 위해 [형태]의 모양을 hippo1-a▾ (으)로 바꾸기 를 다음과 같이 연결합니다. 블록의 선택 버튼을 클릭하고 원하는 모양을 선택할 수 있습니다.

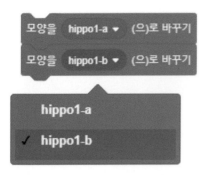

04 'hippo1-a'와 'hippo1-b' 모양이 바뀌는 과정이 너무 빠르지 않나요? 모양이 변경될 때 시간 차이를 주기 위해 1초 기다리기 를 사용합니다. 시간값을 '0.5'로 변경합니다. 그 다음, 무한 반복하기 를 사용하여 코드 내용이 무한 반복되도록 설정합니다. 코드를 실행해 보면 'hippo1-a'와 'hippo1-b'가 0.5초 간격으로 바뀌면서 하마가 날갯짓을 하는 것처럼 보입니다.

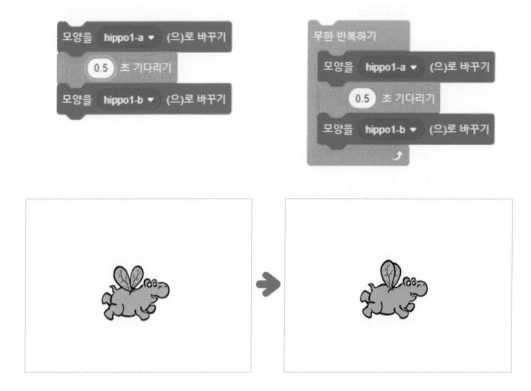

05 ⬛⓾ 만큼 움직이기 를 사용하여 이동 거리를 지정합니다. 이동 거리값으로 '100'을 입력한 후 벽에 닿으면 튕기기 를 사용하여 스프라이트가 무대 안에서만 이동하도록 합니다.

06 마지막으로, 실행하기 위해 🏳️클릭했을 때 를 사용하여 프로젝트를 완성합니다.

07 다음과 같이 100만큼 움직이며 날갯짓을 하는 하마를 볼 수 있습니다.

▲ 완성파일: 03_04_완성

59

01 스페이스 키를 누르면 이동했다가 떼면 제자리로 돌아오는 개구리 프로젝트를 완성해 보세요.

▲ 완성파일: 기초_03_01_완성

조건
• 개구리가 왼쪽 방향 보기
• 스페이스 키를 누를 때마다 프로젝트 실행
• 오른쪽으로 10만큼 이동, 0.1초 후 제자리로 돌아가기

02 문제 **01**에 코끼리를 추가하여 스페이스 키를 누르면 이동하면서 모양을 바꿨다가 떼면 제자리로 돌아오는 코끼리 프로젝트를 완성해 보세요.

▲ 완성파일: 기초_03_02_완성

조건
• 스페이스 키를 누를 때마다 프로젝트 실행
• 오른쪽으로 50만큼 이동하고 'elepant-b'로 모양 바꾸기
• 1초 후 'elepant-a' 모양으로 바꾸고 제자리로 돌아가기

도전하기

01 무대에서 튕겨지는 농구공 프로젝트를 완성해 보세요.

▲ 완성파일: 심화_03_01_완성

조건
- 무한 반복하기
- 20만큼 이동하고 오른쪽으로 5도 회전하기
- 벽에 닿으면 튕기기

02 농구하는 사람 프로젝트를 완성해 보세요.

▲ 완성파일: 심화_03_02_완성

조건
- 무한 반복하기
- 50만큼 이동하고 다른 모양으로 바꾸기
- 모양이 바뀐 후 0.5초 기다리기
- 벽에 닿으면 튕기기

스프라이트가 그림을 그려요

학습목표

스크래치에서 펜 블록을 사용하여 다양한 그림을 그리는 방법을 알아봅시다. 스크래치에서 펜은 컴퓨터 그래픽 프로그램의 일종입니다. 펜 블록은 하나의 스프라이트를 여러 개로 복사하거나, 특정한 스프라이트를 이동시켜 그림을 그릴 수도 있습니다.

이제 스크래치 프로그램에서 펜 블록을 활용하는 방법에 대해 알아볼까요?

무엇을 만들까?

도장찍기

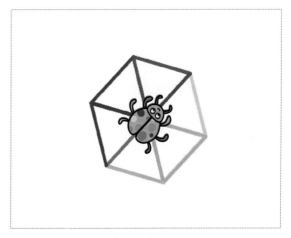

펜으로 도형 그리기

무엇을 배울까?

STEP ❶ 도장찍기로 고양이 만들고 지우기

STEP ❷ 무당벌레의 움직임을 펜으로 그리기

STEP ❸ 펜 색과 굵기 변경하기

○STEP ❶ 도장찍기로 고양이 만들고 지우기

[펜] 블록은 확장 기능으로 추가해 사용할 수 있습니다. 9개의 블록으로 구성된 [펜] 블록 중 🖊도장찍기 는 선택한 스프라이트를 복사하여 무대에 보이게 합니다. 이 기능은 스프라이트의 개수가 증가되지 않으며, 무대 영역에서만 복사됩니다. 도장찍기 기능으로 고양이를 복사하고 지우는 방법을 알아봅시다.

01 블록 팔레트의 맨 아래에 있는 🛒(확장 기능 추가하기)를 클릭한 후, [펜]을 선택합니다.

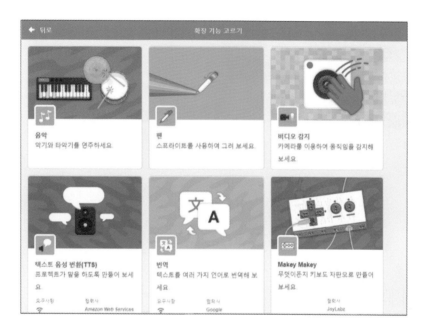

02 스프라이트가 선택된 상태에서 [이벤트]의 🏴클릭했을때 를 코드 영역으로 드래그합니다.

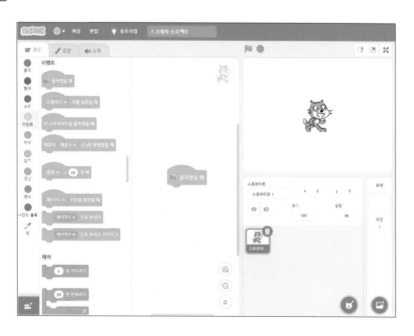

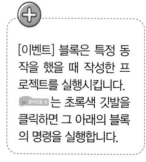

[이벤트] 블록은 특정 동작을 했을 때 작성한 프로젝트를 실행시킵니다. 🏴클릭했을때 는 초록색 깃발을 클릭하면 그 아래의 블록의 명령을 실행합니다.

03 현재 스프라이트를 무대 영역 안에서만 복사하기 위해 [펜]의 ![도장찍기]를 코드 영역으로 드래그하여 ![클릭했을 때]와 연결합니다.

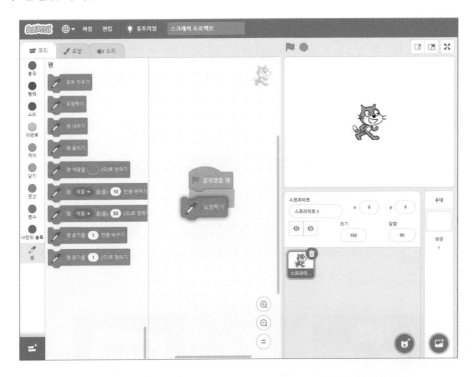

04 도장찍기 명령을 실행하기 위해 를 클릭하거나 블록을 선택합니다. 근데 고양이가 한 마리로 보이네요? 도장찍기 블록을 실행하면 스프라이트가 복사되었지만 겹쳐져 보이기 때문에 하나로 보입니다.

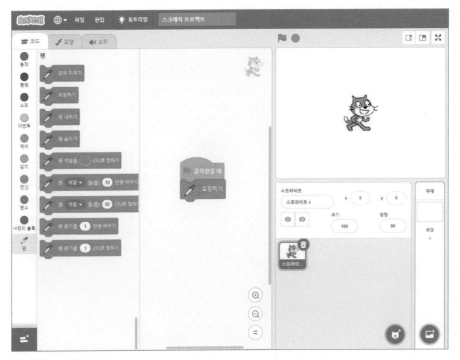

05 겹쳐 있는 스프라이트는 드래그하여 분리하고, 원하는 위치로 이동시킵니다. 무대에는 복사된 고양이 스프라이트까지 두 마리가 보이지만, 스프라이트 리스트에는 추가되지 않고 원본 하나만 존재합니다.

▲ 무대

▲ 스프라이트 리스트

06 다시 🏳(시작하기)를 클릭하거나 블록을 선택하면 도장찍기가 반복됩니다. 여러 번 도장찍기 코드를 수행할 때, 마지막 도장찍기된 스프라이트를 선택해 드래그해야만 복사된 스프라이트를 확인할 수 있습니다.

TIP

여러 번 도장찍기된 스프라이트는 마지막에 도장찍기된 스프라이트를 제외하고는 마우스 선택하거나 위치 이동, 크기 조절, 방향 조절할 수 없습니다. 즉, 마지막 스프라이트만 선택 또는 이동하거나, 크기 조절, 방향 조절할수 있습니다.

07 이번에는 도장찍기로 복사된 스프라이트를 삭제하기 위해 [펜]에서 모두지우기 를 클릭합니다. 원본 스프라이트만 남겨두고 모두 지워집니다. 이때, 남은 고양이 스프라이트는 마지막에 도장찍기하여 복사된 스프라이트입니다.

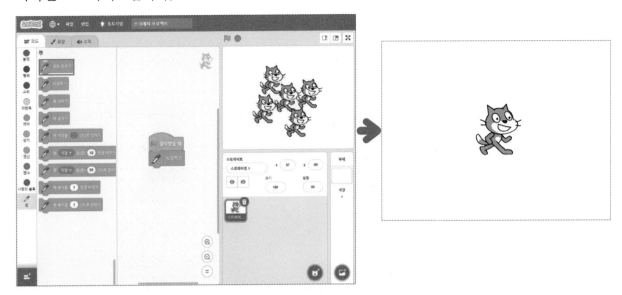

08 스프라이트가 원을 그리며 도장찍기한 후 지우기까지 실행하는 코드를 만들어 봅시다. 20 만큼 움직이기 , 방향으로 15 도 회전하기 , 도장찍기 를 먼저 연결하고, 30 번 반복하기 를 추가해 스프라이트가 원을 그리며 도장찍도록 합니다. 1 초 기다리기 를 연결해 완성된 화면을 잠깐 확인하고, 모두지우기 를 사용하여 스프라이트 1개만 남기고 모두 지웁니다.

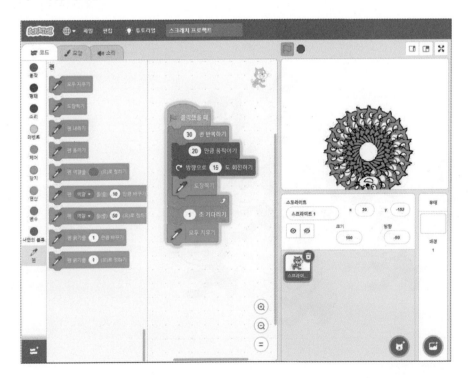

▲ 완성파일: 04_01_완성

○STEP ② 무당벌레의 움직임을 펜으로 그리기

펜 블록으로 스프라이트가 이동하는 자취를 선으로 나타낼 수 있습니다. ☑펜 내리기와 ☑펜 올리기로 펜을 사용할 수 있으며, 펜으로 그린 선을 지울 수도 있습니다. 지금부터 펜을 사용하여 선을 그려볼까요?

01 무당벌레 스프라이트를 오른쪽 방향으로 이동시키기 위해 [동작]의 10만큼 움직이기와 [펜]의 ☑펜 내리기를 코드 영역으로 드래그합니다.

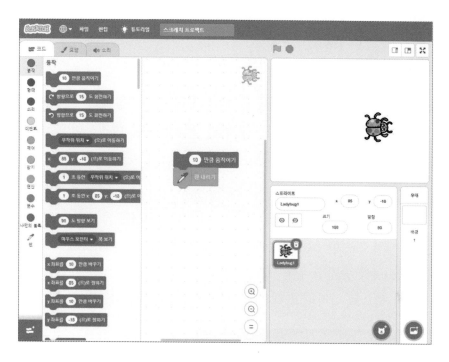

02 코드 영역에서 블록을 클릭합니다. 선을 그리면서 오른쪽으로 10만큼씩 이동하는 무당벌레를 볼 수 있습니다. [펜]의 ☑모두 지우기를 클릭하면 선을 삭제할 수 있습니다.

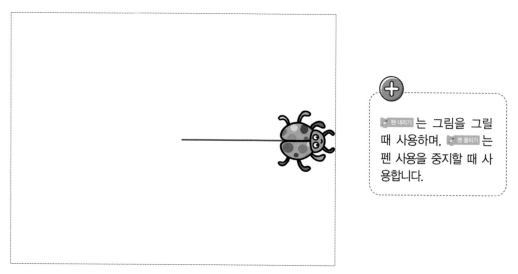

☑펜 내리기는 그림을 그릴 때 사용하며, ☑펜 올리기는 펜 사용을 중지할 때 사용합니다.

○STEP ❸ 펜 색과 굵기 변경하기 »

펜의 색이나 굵기를 변경하려면 어떻게 해야 할까요?

[펜]의 '~만큼 바꾸기' 블록은 값에 변화를 줄 때 사용하고, '~ 정하기' 블록은 값을 고정해야 할 때 사용합니다. 지금부터 위와 같은 블록들을 사용해 선의 색과 굵기를 변경하며 그림을 그리는 코드를 만들어 봅시다.

01 STEP ❷ 02에서 완성한 코드에 [펜]의 `펜 색깔을 (으)로 정하기`와 `펜 굵기를 1 만큼 바꾸기`를 추가합니다. 펜 굵기는 기본 1에서 1씩 증가합니다. 코드 영역의 블록을 클릭하여 결과를 확인합니다. 다음과 같이 펜 색은 지정한 색으로 나타나고 펜의 굵기가 변화하는 것을 볼 수 있습니다.

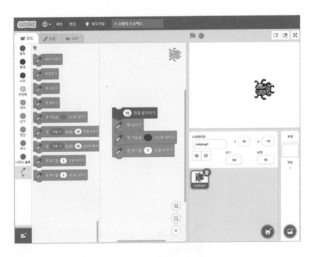
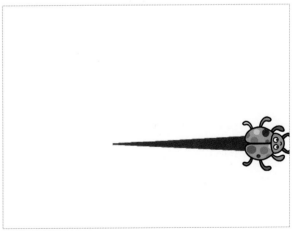

02 스프라이트를 동작하기 위해 [이벤트]의 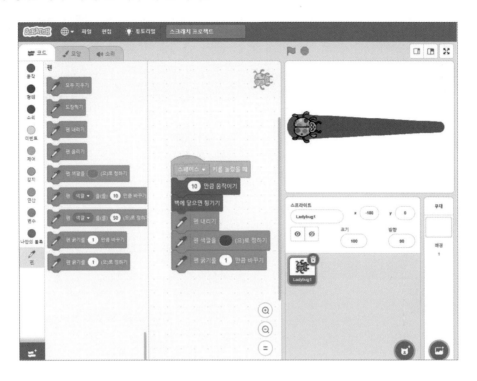를 추가합니다. 그리고 [동작]의 를 사용하여 벽에 닿을 경우 방향을 바꾸게 합니다.

03 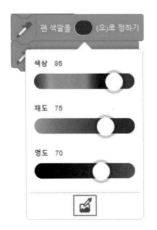의 색상 박스를 클릭하여 색상, 채도, 명도를 조절하여 선택할 수 있습니다. 또한 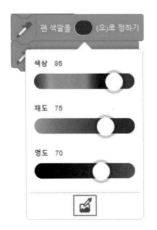(스포이트)를 클릭하고 무대 영역에 있는 스프라이트나 배경의 색을 선택하면 펜 색깔로 사용할 수 있습니다.

(펜 색깔을 (으)로 정하기)의 색상 박스에서 (스포이트)를 클릭한 후, 무대 영역에 있는 'Ladybug1' 스프라이트의 파랑을 선택해 펜 색깔로 사용합니다.

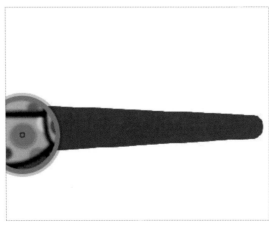

▲ 완성파일: 04_02_완성

04 도형을 그리는 무당벌레를 만들어 봅시다. 시작할 때, 무당벌레 스프라이트의 위치는 (x: 1 y: 0 (으)로 이동하기) 으로 지정합니다. 출발 위치의 좌표를 자유롭게 지정할 수 있습니다. (모두 지우기) 로 시작할 때마다 이전에 그려진 펜 그림을 지웁니다. (펜 굵기를 1 (으)로 정하기) 로 선의 굵기를 '5'로 정하고 (펜 색깔을 ● (으)로 정하기) 로 펜 색을 정합니다. 지금까지는 펜을 사용하기 위한 준비 단계를 마쳤습니다. (펜 내리기) 로 펜을 사용해 그릴 준비를 합니다.

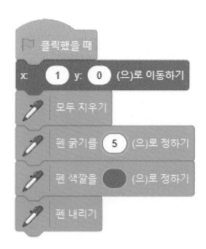

05 스프라이트로 정삼각형 6개를 그려 육각형을 이루는 도형을 그려 봅시다. 먼저, 정삼각형을 그리려면 3개의 선과 한 변의 길이, 각도가 필요합니다. 한 변의 길이를 100으로 정하고 그 길이만큼 무당벌레가 이동하도록 (10만큼 움직이기) 를 사용해 값을 '100'으로 입력합니다. 그 다음 (방향으로 15 도 회전하기) 에 '120'을 입력하여 오른쪽으로 120도 돌고 다음 변을 그릴 수 있도록 합니다. 변마다 색을 달리하기 위해 (펜 색깔 을(를) 10 만큼 바꾸기) 를 사용합니다. 이와 같은 과정을 3번 반복해야 삼각형 하나가 완성되므로 (10 번 반복하기) 에 반복 횟수를 '3번'으로 지정하여 아래와 같이 코드를 완성합니다.

> **TIP**
>
> 정삼각형은 내각 60°와 외각 120°로 이루어져 있습니다. 스크래치에서는 도형을 그릴 때 외각의 값을 사용합니다.

06 정삼각형을 6개 그려 육각형을 완성해야 하므로 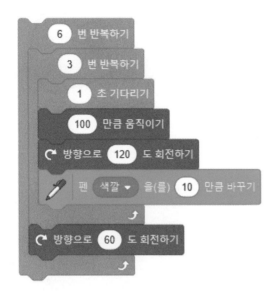 를 사용해 삼각형 그리기를 '6번' 반복합니다. 한 삼각형이 그려지면 방향으로 15 도 회전하기 를 사용하여 오른쪽으로 60° 회전한 후, 또 다른 삼각형을 그립니다.

07 완성된 프로젝트는 다음과 같습니다.

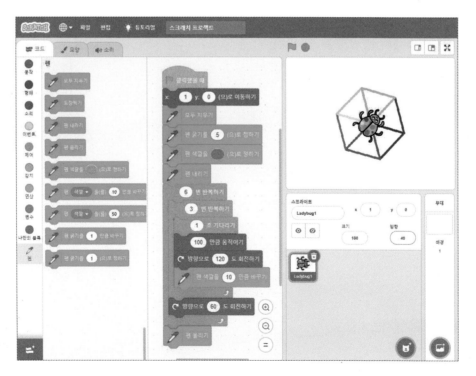

▲ 완성파일: 04_03_완성

01 마우스 포인터의 자취를 따라 펜 그리기를 해 보세요.

조건
- 스페이스 키를 눌렀을 때 실행
- 펜 굵기 : 5

▶ 완성파일: 기초_04_01_완성

02 문제 **01**을 응용해 펜 그리기를 해 보세요.

조건
- 스페이스 키를 눌렀을 때 실행
- 무작위 위치로 이동하기
- 펜 굵기 : 3

▶ 완성파일: 기초_04_02_완성

03 회전을 하며 6개의 사각형을 펜 그리기 해 보세요.

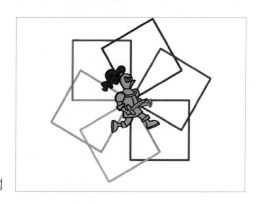

조건
- 처음 위치는 x: 0, y: 10
- 펜 굵기 : 3
- 펜 색깔을 5만큼 바꾸기

▶ 완성파일: 기초_04_03_완성

04 회전을 하며 6개의 8각형을 펜 그리기 해 보세요.

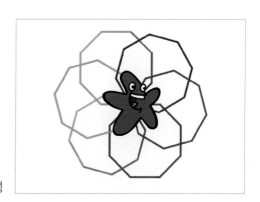

조건
- 처음 위치는 x: 0, y: 0
- 펜 굵기 : 3
- 펜 색깔을 5만큼 바꾸기

▶ 완성파일: 기초_04_04_완성

01 조건에 따라 프로젝트를 완성해 보세요.

▲ 완성파일: 심화_04_01_완성

조건
- 도장찍기 사용
- 50만큼 움직이기

02 무지개색 원을 그리는 유니콘 프로젝트를 완성해 보세요.

▲ 완성파일: 심화_04_02_완성

조건
- 스페이스 키를 눌렀을 때 실행
- 25번 반복하기
- 펜 굵기 : 20
- 펜 색깔을 10만큼 바꾸기
- 오른쪽으로 15도씩 회전하기
- 20만큼 움직이기

고양이가 쥐를 잡아요

학습목표
조건에 따라 움직이는 스프라이트를 만들어 봅시다. 스프라이트가 다음 동작을 이어나갈 수도 있고 멈출 수도 있습니다. 또한 조건에 따라 각각 다른 동작을 할 수도 있습니다. 키보드 조작을 활용한 조건에 따라 스프라이트를 이동시키는 프로젝트를 만들어 봅시다.

무엇을 만들까?

조건에 따라 움직이는 고양이와 쥐

무엇을 배울까?

STEP ❶ 계속 움직이는 고양이 만들기

STEP ❷ 방향키로 움직이는 쥐 만들기

STEP ❸ 고양이를 만나면 사라지는 쥐 만들기

⚲STEP ❶ 계속 움직이는 고양이 만들기

　[동작] 블록을 사용하면 움직이는 방향과 각도를 설정해 스프라이트를 회전하거나, 좌표를 입력해 이동하는 등 스프라이트가 다양한 동작을 할 수 있습니다. 일정한 거리만큼 이동한 후 방향을 바꾸어 움직이는 스프라이트를 만들어 봅시다. 이때, 반복 횟수는 정하지 않고 무한 반복하여 동작하도록 만듭니다.

01 스프라이트 'Cat'을 선택한 후, [모양] 탭을 클릭하여 'cat-a'과 'cat-2'를 확인해 봅시다. 이때, 선택하는 모양에 따라 보이는 모양이 다릅니다.

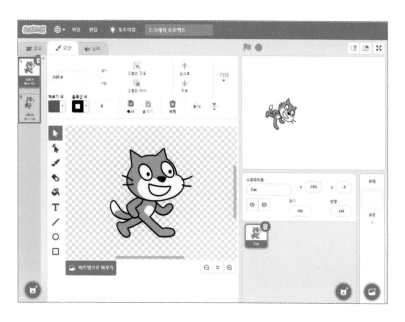

02 [코드] 탭을 클릭한 후, 고양이 스프라이트를 움직이게 하기 위해 [동작]의 10 만큼 움직이기 를 사용합니다.

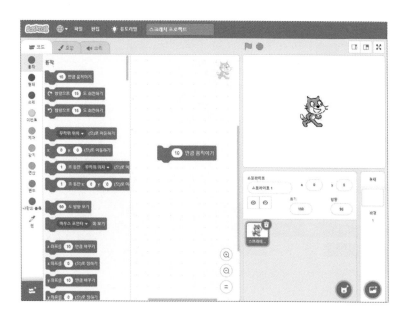

03 이동과 동시에 스프라이트의 모양을 바꾸기 위해 [형태]의  를 연결합니다. 블록을 클릭하여 확인해 볼까요? 10만큼씩 오른쪽으로 움직이면서 'cat-a' 모양에서 'cat-b' 모양으로 바뀌는 고양이를 만날 수 있습니다.

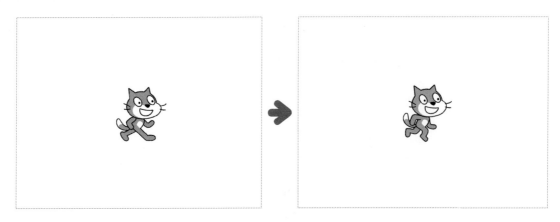

04 계속해서 움직이며 모양이 바뀌는 고양이 스프라이트를 만들기 위해 [제어]의 무한 반복하기 를 추가합니다.

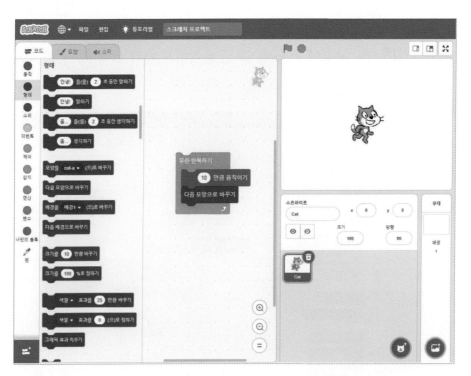

05 이런, 무한 반복을 사용하니 2가지 문제가 생겼습니다.

첫째, 고양이 모양이 바뀌는 시간이 너무 짧아서 변하는 고양이의 모습을 알아채기가 어렵습니다.

둘째, 무한 반복해 이동하여 고양이가 무대 밖으로 사라져 버립니다.

06 위와 같은 문제를 해결하기 위해 코드에 [제어]의 1초 기다리기 를 추가하고 기다리는 시간은 '0.5'로 입력합니다. 그 다음 [동작]의 벽에 닿으면 튕기기 를 추가하여 스프라이트가 벽에 닿으면 되돌아오게 합니다.

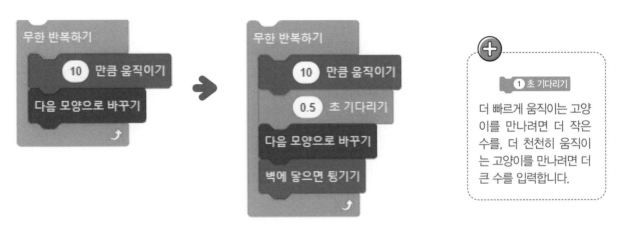

07 이제 블록을 클릭하여 프로젝트를 확인해 볼까요?

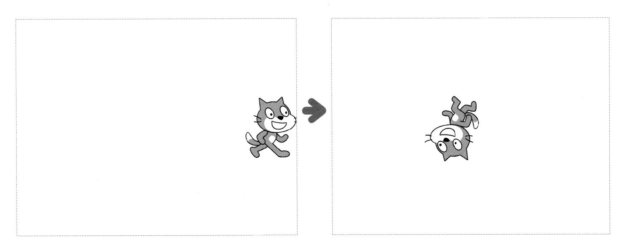

08 다른 문제가 생겼습니다. 벽에 닿은 고양이가 뒤집어진 상태로 이동하고 있습니다. 고양이가 뒤집
히지 않고 이동할 수 있도록 스프라이트의 방향을 클릭해 회전 방향을 ▶◀(왼쪽/오른쪽)을 선택해
봅시다.

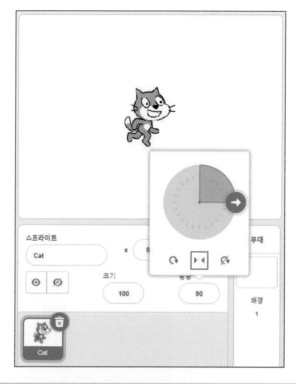

> **TIP**
>
> **회전 방향**
> - ↻ (회전하기) : 스프라이트의 이동 방향이 변경될 때마다 스프라이트가 회전합니다. 이 기능이 선택되어져 있었기
>   때문에 고양이가 거꾸로 된 상태에서 이동하게 된 것입니다.
> - ▶◀ (왼쪽/오른쪽) : 스프라이트의 이동 방향이 변경될 때 좌우로만 회전하여 이동하게 합니다.
> - ⊘ (회전하지 않기) : 스프라이트의 이동 방향이 변경되어도 회전하지 않습니다. 이 기능이 선택되어져 있다면 벽에
>   닿아 튕길 때 고양이가 뒤로 걷는 것처럼 보일 수도 있습니다.

09 고양이가 좌우로만 이동하면 너무 심심할까요? 그럼, 코드 영역에 [동작]의 `방향으로 15 도 회전하기`를 추가
한 후, 값을 '25'로 입력합니다. 그리고 이를 무한 반복을 합니다. 고양이가 같은 자리에서 도는 동
작을 제어하기 위해 `1 초 기다리기`를 추가합니다.

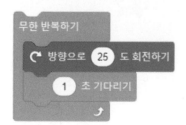

10 이제 프로젝트를 실행해 봅시다. 다음과 같이 [이벤트]의 [클릭했을 때]를 추가하여 코드를 완성한 후, 실행해 봅시다.

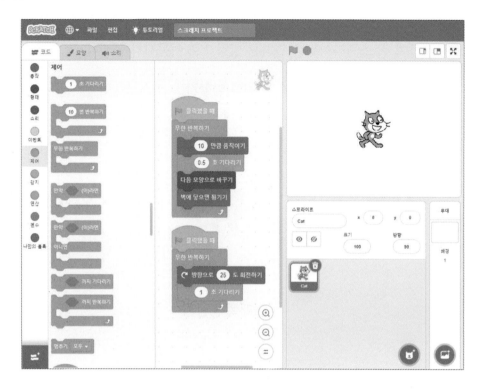

11 고양이 스프라이트는 10만큼 움직이며 무대 곳곳을 활보합니다. 무대 벽에 닿으면 좌우로 회전하여 이동합니다.

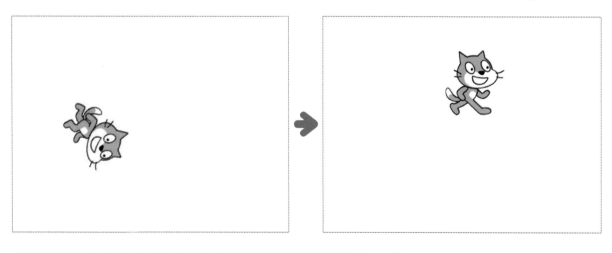

> **TIP**
> 고양이의 움직임이 자연스럽게 보이기 위해 [무한 반복하기]를 따로 두 번 사용합니다.

○STEP ❷ 방향키로 움직이는 쥐 만들기

스프라이트를 키보드나 마우스로 움직이게 만들어 게임 프로젝트를 만들 때 응용할 수 있습니다. 키보드의 방향키를 사용하여 쥐 스프라이트를 원하는 방향으로 이동시켜 봅시다.

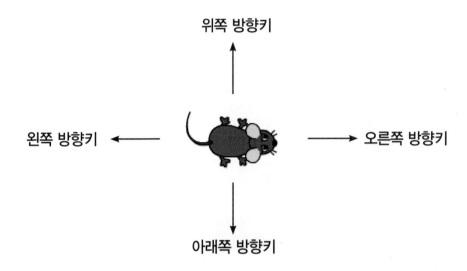

01 'Mouse1' 스프라이트를 추가합니다. [제어]에서 조건을 추가할 수 있는 만약 ● (이)라면 을 불러옵니다.

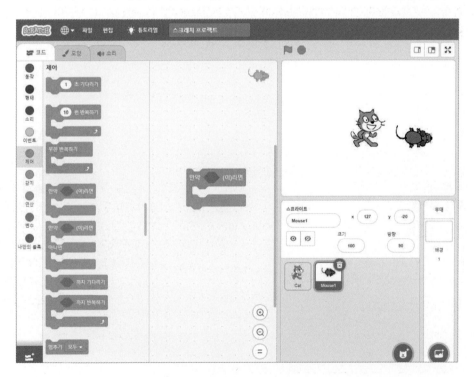

02 [감지]의 ⟨스페이스▾ 키를 눌렀는가?⟩ 를 다음과 같이 연결합니다. 이 블록의 선택 버튼을 클릭하면 선택할 수 있는 키보드의 키 종류가 나타납니다. 먼저 '오른쪽 화살표'를 선택합니다.

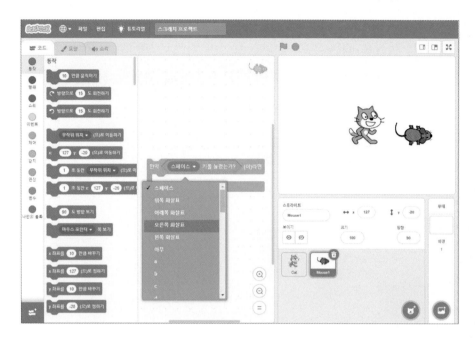

03 오른쪽 방향키를 눌렀을 때 동작하도록 [동작]의 ⟨90 도 방향 보기⟩ 를 추가합니다. 그 다음, 지정된 방향으로 이동하기 위해 ⟨10 만큼 움직이기⟩ 를 추가합니다.

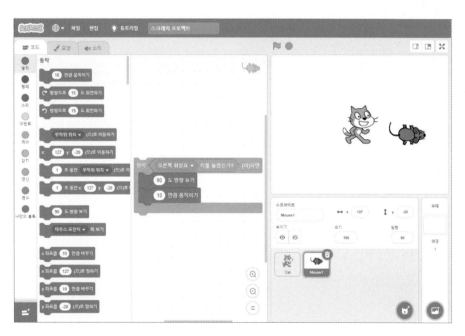

04 방향키에 맞춰 움직이도록 코드를 완성해 봅시다.

앞서 만든 블록을 복사해 사용합니다. 복사된 3개의 블록을 다음과 같이 연결합니다. 조건을 입력하여 완성합니다.

왼쪽 화살표 키를 눌렀을 때는 왼쪽 방향을 보아야 하므로 에 '−90'을 입력합니다. 위쪽 화살표 키를 눌렀을 때 위쪽 방향을 보아야 하므로 '0'도를 입력합니다. 아래쪽 화살표 키를 눌렀을 때 아래쪽 방향을 보아야 하므로 '180'도를 입력합니다.

05 고양이와 마찬가지 블록을 무한반복으로 실행하기 위해 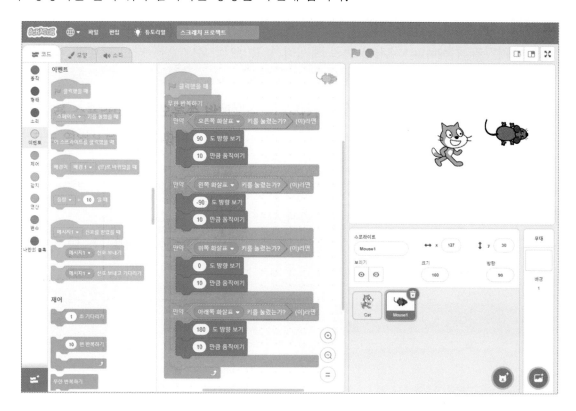 와 를 사용합니다. 실행한 후 방향키를 눌러 쥐가 움직이는 방향을 확인해 봅시다.

○STEP ❸ 고양이를 만나면 사라지는 쥐 만들기 »

스크래치 무대에서 움직이는 고양이와 쥐 스프라이트가 만나면 어떻게 될까요? 두 스프라이트는 서로 겹쳐지며, 스쳐 지나가게 됩니다. 하지만 현실 세계에서 고양이와 쥐가 만난다면 어떻게 될까요? 아마도 쥐가 사라지지 않을까요?

스크래치 무대에서도 쥐가 고양이를 만나면, 무대에서 사라지는 코드를 만들어 봅시다.

01 쥐 스프라이트를 선택한 후, [제어]의 `만약 (이)라면` 과 [감지]의 `마우스 포인터 ▾ 에 닿았는가?` 를 연결합니다.
`마우스 포인터 ▾ 에 닿았는가?` 의 선택 버튼을 클릭하면 다음과 같은 메뉴가 나타납니다. 메뉴에는 기본적으로 '마우스 포인터'와 '벽'이 있으며, 사용된 스프라이트 이름이 메뉴에 추가됩니다. 여기서는 메뉴 중 'Cat'을 선택합니다.

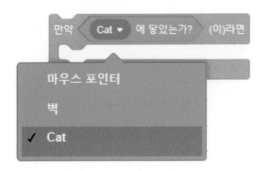

02 쥐가 고양이와 닿으면 사라지게 하기 위해 [형태]의 `숨기기` 를 다음과 같이 추가합니다. 그 다음 쥐가 사라지면 현재 진행 중인 코드가 멈춰야 합니다. 쥐가 사라지고 1초 동안 기다린 후 모든 스프라이트의 움직임을 중지하기 위해 [제어]의 `1 초 기다리기` 와 `멈추기 모두 ▾` 를 추가합니다.

03 이 코드를 무한 반복으로 실행하기 위해 무한 반복하기 와 클릭했을 때 를 사용합니다. 여기까지 완성한 후, 코드를 실행해 봅시다. 키보드의 방향키를 사용하여 고양이로부터 쥐가 도망가게 합니다. 만약 쥐가 잡혀 사라진다면 동시에 모든 코드가 중지됩니다. 다시 코드를 실행한다면 사라진 쥐가 다시 보일까요? 아마 다시는 보이지 않을 것입니다.

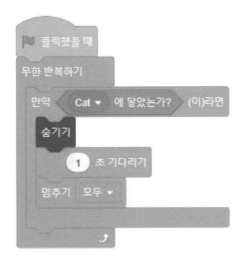

04 다시 코드를 실행할 때, 쥐 스프라이트가 무대에 등장하도록 하기 위해서는 [형태]의 보이기 를 클릭했을 때 아래에 추가합니다. 클릭했을 때 아래 보이기 를 추가해야 쥐 스프라이트가 숨기기 를 통해 사라진 후 다시 코드가 시작될 때 보여집니다.

05 쥐 스프라이트의 완성된 코드를 확인합니다.

방향키를 사용하여 움직이는 코드와 고양이를 만나면 사라지는 코드입니다.

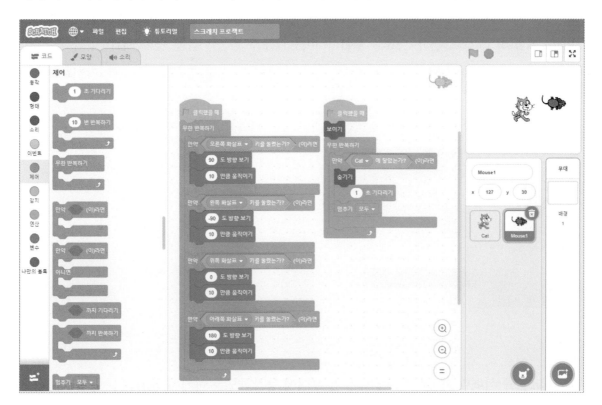

▲ 완성파일: 05_01_완성

01 왼쪽 방향키를 누르면 왼쪽을 향하고, 오른쪽 방향키를 누르면 오른쪽을 향하는 로봇 프로젝트를 완성해 보세요.

 • 무한 반복하기
• 왼쪽 화살표를 누르면 −90도 방향 보기
• 오른쪽 화살표를 누르면 90도 방향 보기

▲ 완성파일: 기초_05_01_완성

02 날아다니는 비둘기 프로젝트를 완성해 보세요.

 • 스페이스 키를 눌렀을 때마다 실행
• 무한 반복하기
• 20만큼 움직이기
• 오른쪽으로 5도씩 돌기
• 0.5초 기다렸다가 모양 바꾸기
• 벽에 닿으면 튕기기

▲ 완성파일: 기초_05_02_완성

01 마법사가 손끝에서 막대를 쏘는 프로젝트를 완성해 보세요.

조건 **마법사 스프라이트**
- 실행할 때 모양을 wizard-c로 바꾸기

막대 스프라이트
- 막대의 크기는 80%로 정하기
- 마법사가 막대를 쏘면 앞으로 10만큼씩 움직이기를 무한 반복하기
- 벽에 닿으면 숨기고, 다시 처음 위치로 이동하기

▲ 완성파일: 심화_05_01_완성

02 문제 **01**를 응용해 막대를 피하는 유령을 추가한 프로젝트를 완성해 보세요.

조건 **유령 스프라이트**
- 유령의 크기는 70%로 조절하기
- 키보드의 위쪽, 아래쪽 화살표를 누르면 상하로 이동하기
- 키보드에 의해 이동한다면 10만큼씩 움직이기

막대 스프라이트
- 막대와 유령이 닿으면 모든 동작 멈추기

▲ 완성파일: 심화_05_02_완성

6 다양한 배경과 음악을 추가해요

🔊 **학습목표**

프로젝트를 만들 때 1개 이상의 배경을 사용할 수 있습니다. 코드에 따라 배경이 변하도록 하는 방법을 알아봅시다.

또한, 배경에 어울리는 음악을 추가하고 배경을 선택하듯이 재생되는 소리도 선택하는 방법도 알아봅시다.

무엇을 만들까?

배경 바꾸기

무엇을 배울까?

STEP ❶ 다른 배경으로 바꾸기

STEP ❷ 내 마음대로 배경 선택하기

STEP ❸ 배경 음악 삽입하기

STEP 1 다른 배경으로 바꾸기

프로젝트에서 배경은 상황을 암시하는 중요한 역할을 합니다. 하나의 프로젝트에 1개 이상의 배경을 사용할 수 있으며, 원하는 배경을 선택하는 코드를 만들 수 있습니다.

01 [무대]를 선택한 후, [배경] 탭을 클릭합니다. 배경에는 기본 배경인 흰색 배경이 보입니다.

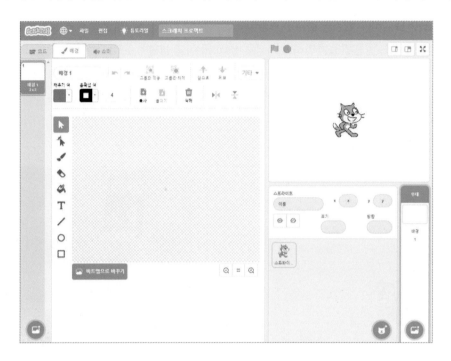

02 새로운 배경을 추가하기 위해 🔍(배경 고르기)을 클릭합니다. 'Bedroom 3'를 선택합니다.

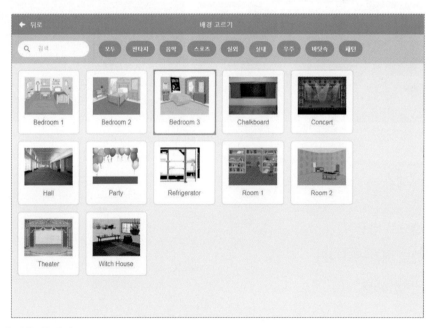

03 배경 리스트에 'Bedroom 3'가 추가되었습니다. 아래와 같이 배경 이름을 "침실"로 변경합니다.

TIP

배경 삭제하기
[배경] 탭의 리스트에
서 삭제 가능합니다.

04 다른 배경을 추가하려면 🔍(배경 고르기)을 클릭합니다. 'Playing Field'를 선택하고 같은 방법으로 'School'도 선택합니다.

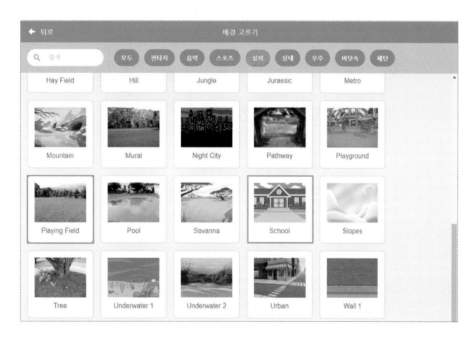

05 새로 추가된 배경의 이름을 'Playing Field'는 "운동장"으로, 'School'은 "학교"로 변경합니다.

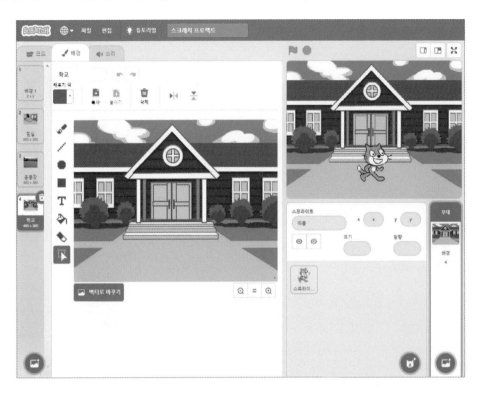

> **TIP**
>
> **배경 순서 변경하기**
> 배경의 순서를 변경하기 위해서는 배경을 드래그하여 원하는 위치로 이동시킵니다. 다음은 네 번째에 위치한 '학교' 배경을 세 번째로 순서를 변경한 예입니다.

06 [형태]의 배경을 다음 배경▾ (으)로 바꾸기 를 코드 영역으로 드래그합니다. 이 블록의 선택 버튼을 클릭하여 '다음 배경'을 선택합니다.

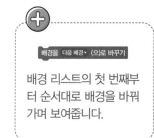

배경을 다음 배경▾ (으)로 바꾸기

배경 리스트의 첫 번째부터 순서대로 배경을 바꿔 가며 보여줍니다.

07 코드를 실행하기 위해 를 추가합니다.

▲ 완성파일: 06_01_완성

08 코드 실행 결과, 배경이 [배경] 탭에서 정한 순서대로 변경됩니다. 여기서는 [배경 1] → [침실] → [학교] → [운동장] 순으로 배경이 바뀌도록 합니다.

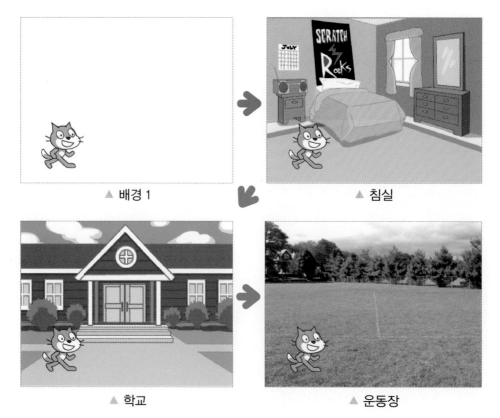

▲ 배경 1   ▲ 침실

▲ 학교   ▲ 운동장

○STEP ❷ 내 마음대로 배경 선택하기

여러 개의 배경 중 내가 원하는 배경을 선택하는 방법은 없을까요?

순서대로 배경이 바뀌는 것이 아니라 원하는 배경을 직접 선택하는 프로젝트를 만들어 봅시다. 먼저, 배경 선택 알고리즘을 생각해 봅시다.

첫째, [질문 1]에서는 어떤 배경을 선택할지에 대하여 질문합니다.

둘째, [질문 2]는 선택할 번호와 배경 이름을 제시합니다.

셋째, 질문에 따라 입력된 숫자에 해당되는 배경을 선택합니다.

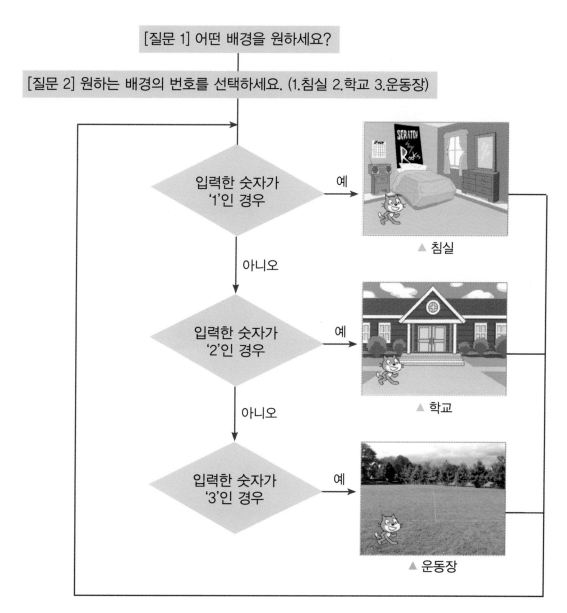

01 배경을 선택하기 위해 [제어]의 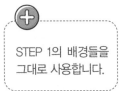 을 추가합니다. [감지]의 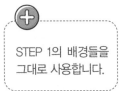 를 추가하여 연결합니다. 이 블록의 선택 버튼을 클릭한 후, '1'을 선택합니다.

STEP 1의 배경들을
그대로 사용합니다.

02 [형태]의 배경을 배경1 ▾ (으)로 바꾸기 를 만약 ● (이)라면 에 연결합니다. 배경을 배경1 ▾ (으)로 바꾸기 의 선택 버튼을 클릭한 후, '침실'을 선택합니다.

03 02의 블록을 복사하여 다음과 같이 연결한 후, 조건을 변경합니다.

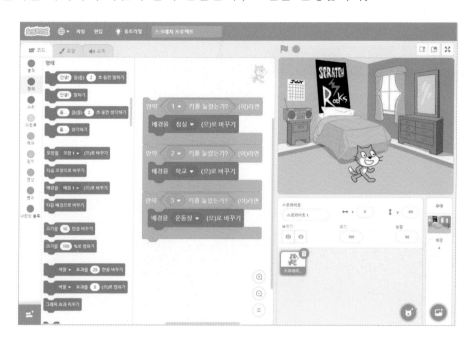

04 배경을 선택하는 것이 무한 반복되도록 [제어]의 무한 반복하기 를 추가합니다.
배경을 배경1▼ (으)로 바꾸기 를 추가해 시작 배경이 '배경 1'이 되도록 합니다. 또한, 1 초 기다리기 를 추가하여 배경이
바뀌는 속도를 늦춥니다.

05 이제 질문과 답변을 주고 받아 배경을 선택할 수 있도록 [형태]의  를 추가합니다.
알고리즘의 [질문 1]과 [질문 2]를 다음과 같이 블록으로 표현할 수 있습니다.

06 코드를 실행하기 위해 [클릭했을 때] 를 추가하여 다음과 같이 완성합니다.

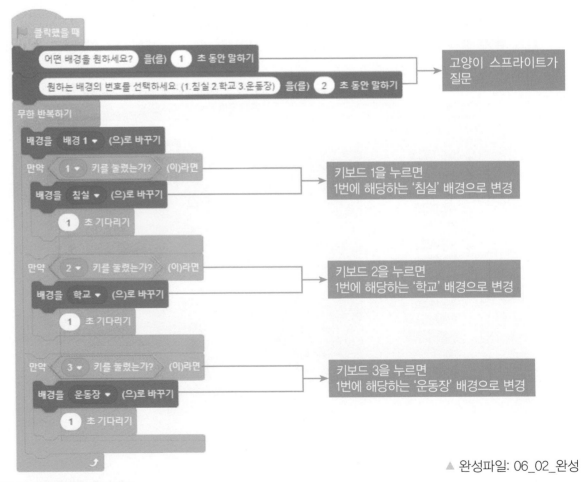

▲ 완성파일: 06_02_완성

⊙STEP ❸ 배경 음악 삽입하기 »

01 [무대]를 클릭한 후, [소리] 탭을 선택합니다. 소리를 추가하기 위해 🔍(소리 고르기)을 선택합니다.

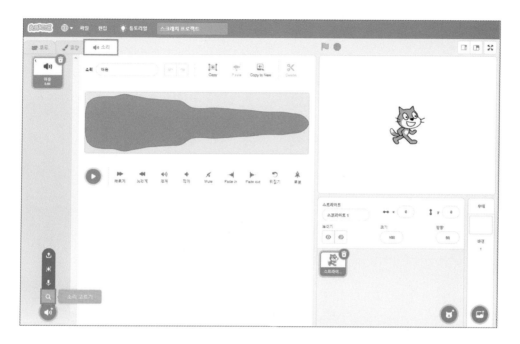

02 원하는 소리를 선택합니다. 이 프로젝트에서 사용할 소리는 Buzz Whir, Crash Cymbal, Cricket 입니다.

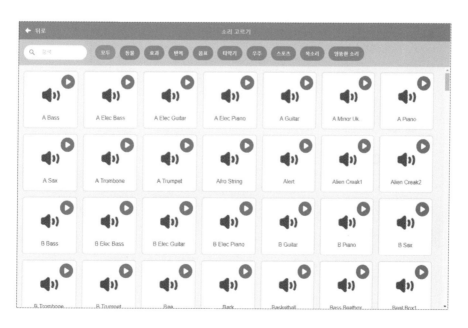

03 선택한 소리들을 리스트에서 확인합니다. 각 소리를 선택하여 재생할 수 있으며, 편집도 가능합니다.

04 선택에 따라 소리를 재생하기 위해 [코드] 탭을 클릭한 후, [제어]의 만약 ● (이)라면 과 [감지]의 스페이스 ▾ 키를 눌렀는가? 를 연결해 사용합니다. 이 블록의 선택 버튼을 클릭한 후, '1'을 선택합니다.

05 [소리] 블록의 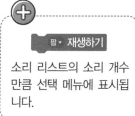 를 추가하여 다음과 같이 연결합니다. 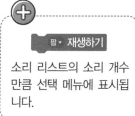 의 선택 버튼을 클릭한 후 'Buzz Whir'을 선택합니다.

소리 리스트의 소리 개수 만큼 선택 메뉴에 표시됩 니다.

06 05의 블록을 복사하여 다음과 같이 연결한 후, 조건을 변경합니다.

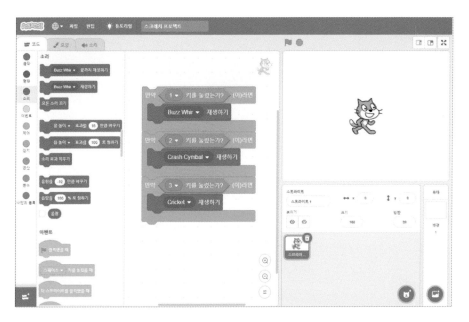

07 작성된 코드를 실행하기 위해 ![블록했을 때] 를 추가하여 완성합니다. 소리를 선택하는 것이 무한 반복되도록 [제어]의 ![무한 반복하기] 를 추가합니다. 마지막으로 ![모든 소리 끄기] 를 추가해 재생되는 모든 소리를 끄고 다시 시작할 수 있도록 합니다. 코드를 실행하면 키보드로 선택된 번호에 해당하는 소리가 재생됩니다.

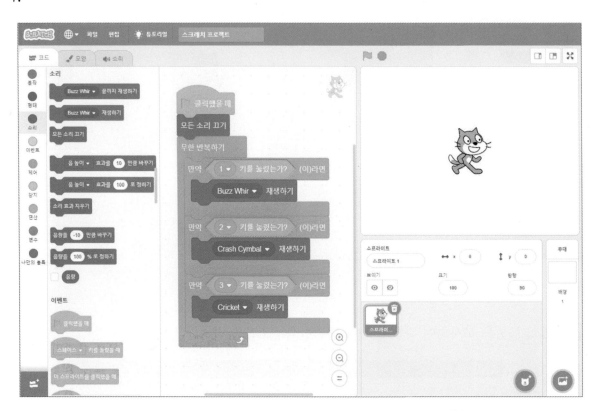

▲ 완성파일: 06_03_완성

01 다음과 같이 배경을 추가하여, 배경 이름을 각각 "무대1", "무대2"로 변경해 보세요.

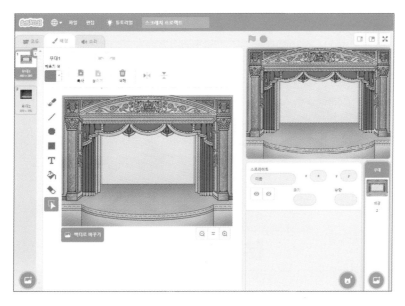

▲ 완성파일: 기초_06_01_완성

02 문제 **01**을 응용해 다음과 같이 스프라이트를 추가하고 스페이스 키를 누를 때마다 스프라이트의 모양과 배경이 바뀌도록 완성해 보세요(단, 스프라이트의 크기는 60%로 정한다.).

▲ 완성파일: 기초_06_02_완성

01 다음과 같은 스프라이트와 배경을 선택하고 각 스프라이트를 클릭하면 배경이 변하는 프로젝트를 완성해 보세요.

▲ 완성파일: 심화_06_01_완성

02 문제 **01**을 응용해 배경이 변경될 때 소리가 함께 재생되도록 만들어 보세요.

조건
• 배경이 'Blue Sky'일 때 소리 'Bird' 재생
• 배경이 'Underwater 1'일 때 소리 'Bubbles' 재생

▲ 완성파일: 심화_06_02_완성

Chapter 7 멋진 건반으로 음악을 연주해요

학습목표
스크래치에서 음악 블록을 활용해 음악을 연주해 봅시다. 그리고 원하는 스프라이트가 없다면 스프라이트를 업로드하거나 직접 그려서 사용합니다.
스크래치로 즐거운 음악 연주를 시작해 볼까요?

무엇을 만들까?

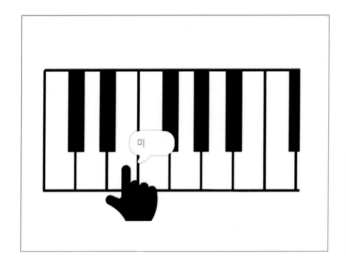

숫자 '3'을 누르면 세 번째 건반을 누르고 연주하기

버튼을 누르면 자동으로 연주하기

무엇을 배울까?

STEP ❶ 스프라이트 업로드하기
STEP ❷ 건반을 눌러 소리내기
STEP ❸ 자동으로 동요 재생하기

STEP ① 스프라이트 업로드하기

01 피아노 건반 모양의 스프라이트를 업로드하여 건반에 맞춰 계이름과 소리가 출력되도록 합니다. 그리기 위해 먼저 🔼(스프라이트 업로드하기)를 클릭하여 'piano' 파일을 엽니다.

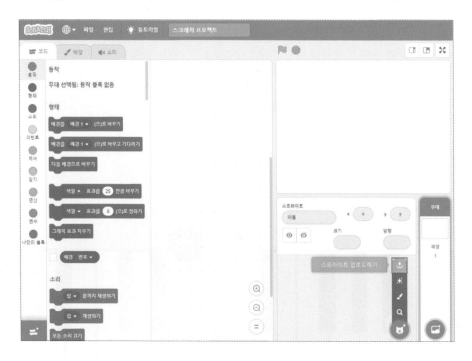

02 업로드한 스프라이트의 크기를 조절하기 위해 [모양] 탭을 선택합니다. 스프라이트의 크기 조절이 가능한 벡터 화면으로 이동하기 위해 [벡터로 바꾸기]를 클릭합니다.

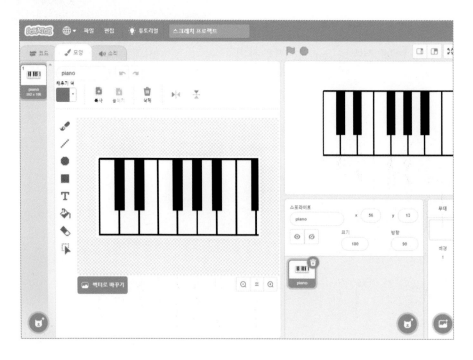

03 현재 스프라이트는 벡터 모드입니다. 오른쪽 메뉴에서 ▶(선택)을 클릭합니다. 스프라이트 가장자리에 조절점을 드래그하여 크기를 조절합니다.

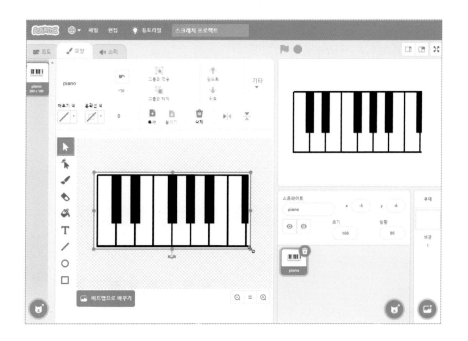

TIP

이 프로젝트에서는 건반은 도, 레, 미, 파, 솔, 라, 시, 도로 8개만 필요합니다.

04 마우스 포인터가 손 모양일 때 드래그하여 건반의 위치를 이동할 수 있습니다. 건반의 크기는 전체 가로 길이의 80% 정도로 정하고, 위치는 무대의 가운데로 이동시킵니다.

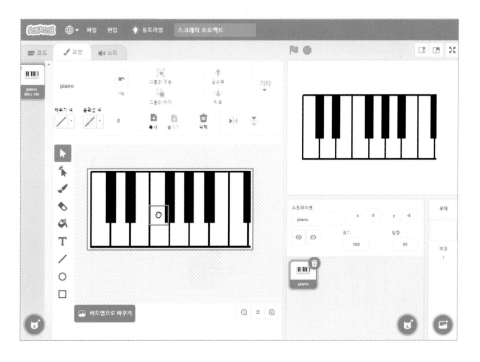

○STEP ❷ 건반을 눌러 소리내기

이번에는 건반을 누르면 해당 건반의 계이름을 출력하고 소리가 나는 코드를 만들려고 합니다. 어떤 스프라이트와 코드가 필요할까요?

- 손가락 모양의 스프라이트 필요
- 손가락 스프라이트로 건반을 누를 때마다 소리를 내기 위한 코드
- 소리가 재생됨과 동시에 해당 계이름을 텍스트로 출력

01 ⬆(스프라이트 파일 업로드하기)를 클릭하여 'finger' 파일을 불러옵니다.

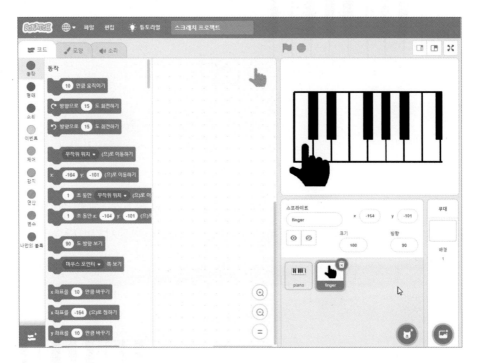

02 손가락 스프라이트의 크기는 [모양] 탭의 벡터 모드에서 조절합니다.

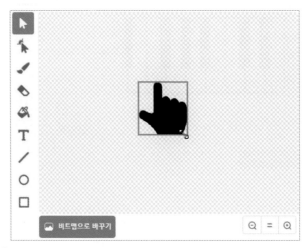

03 손가락 스프라이트를 선택하고, [클릭했을 때] 과 [x: 0 y: -130 (으)로 이동하기] 를 사용하여 연결합니다. 이때, x: 0, y: −130을 입력합니다.

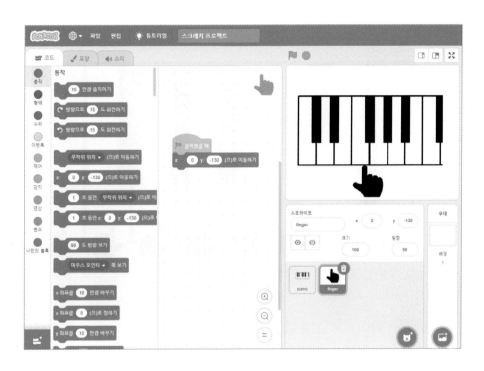

> **TIP**
>
> 스프라이트를 원하는 위치로 이동시켜 스프라이트 영역에 표시된 x, y 값을 확인한 후, 그 값을 입력하면 됩니다. 값을 입력한 후 코드를 실행해 스프라이트의 위치를 확인합니다.

04 숫자 키를 누르면 손가락 스프라이트가 그 번호에 해당하는 건반으로 이동하도록 만들어 봅시다. 예를 들어, 키보드에서 '1'을 누르면 손가락 스프라이트가 낮은 도의 위치로 이동하고 '2'를 누르면 레의 위치로 이동합니다.

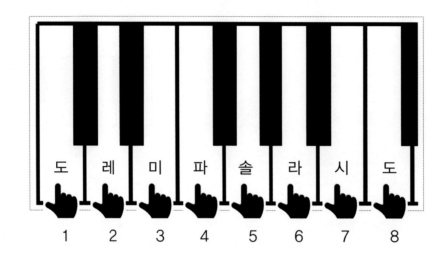

다음은 손가락 스프라이트가 이동할 위치를 정리한 표입니다. 이때, y축의 값은 모두 같습니다. 학습자마다 설정한 스프라이트 크기나 위치가 다르므로 x, y 값은 아래 표와 같지 않을 수 있습니다. 각자 좌표를 확인한 후 블록에 숫자를 입력합니다.

숫자	1	2	3	4	5	6	7	8
음계	도	레	미	파	솔	라	시	도
X	−150	−100	−55	−10	40	85	130	180
Y	−90	−90	−90	−90	−90	−90	−90	−90

05 이벤트의 스페이스▾키를눌렀을때 의 선택 버튼을 클릭하여 '1'을 선택하고, [동작]의 x 0 y: -130 (으)로 이동하기 를 추가합니다. 이때, x: -150, y: -90을 입력합니다. 코드를 실행하여 숫자 키 '1'을 누르면 스프라이트가 입력받은 위치로 이동하는 것을 확인할 수 있습니다.

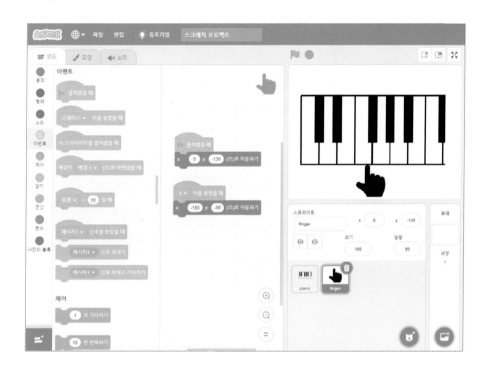

06 [형태]의 안녕! 을(를) 2 초동안 말하기 를 추가하여 "도"를 1초 동안 말하도록 다음과 같이 입력합니다.

07 블록 팔레트 아래에 ▦(확장 기능 추가하기)를 클릭하여 [음악]을 선택합니다. 블록 팔레트의 [나만의 블록] 아래에 [음악]이 추가됩니다.

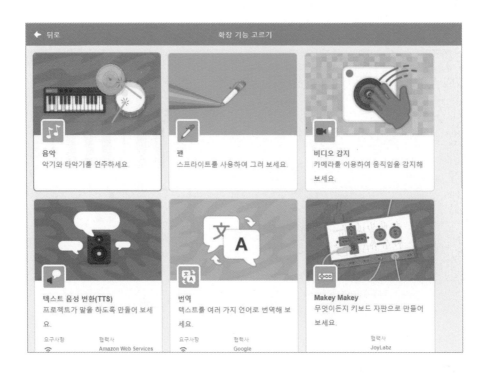

08 건반을 누르면 해당 건반의 소리가 나도록 [음악]의 ♪ 60 번 음을 0.25 박자로 연주하기 를 추가합니다. 이 블록의 입력 칸을 클릭하면 건반과 해당 음이 표시되어 나타납니다. 다음과 같이 '낮은 도'의 값으로 '60번'이 표시됩니다. 박자는 "0.5"를 입력합니다. 블록을 실행하고 숫자 '1'을 누르면 손가락이 x: −150, y: −90인 위치에서 '도'라는 텍스트가 나타났다가 사라지고 '도' 음이 재생됩니다.

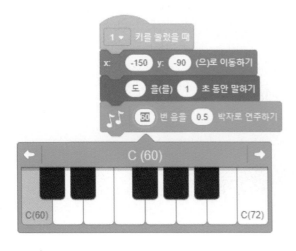

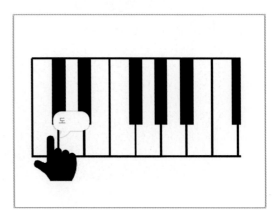

09 이어서 '레'를 선택하기 위해 앞서 만든 블록을 복사한 후 다음과 같이 수정합니다.
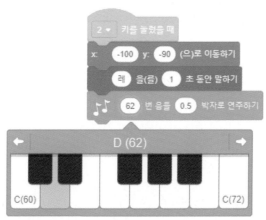 의 선택 버튼을 클릭한 후 '레' 건반의 위치를 선택합니다. '레'의 값으로 '62'번이 표시됩니다.

10 같은 방법으로 나머지 건반을 연주하기 위한 블록을 수정해 봅시다.

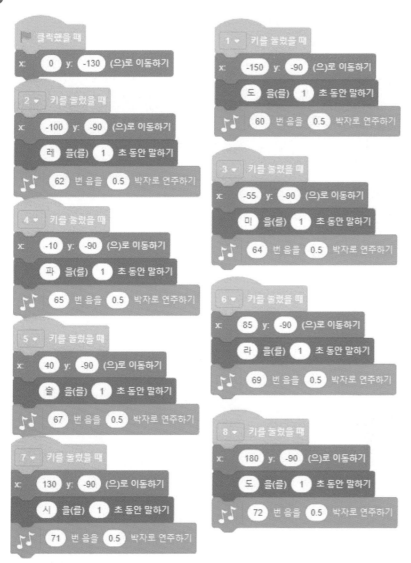

[음악] 블록 더 알아보기

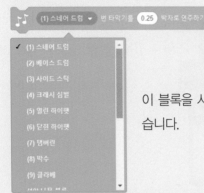

이 블록을 사용해 드럼이나 탬버린, 박수 등을 포함하는 18개의 타악기를 연주할 수 있습니다.

이 블록을 사용해 피아노를 포함한 첼로, 색소폰 등 21개의 악기를 선택해 연주할 수 있습니다.

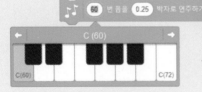

이 블록을 사용해 음 번호를 선택하면 피아노 건반에서 음의 위치를 알려줍니다. 좌우에 있는 화살표를 클릭하면 건반을 이동할 수 있습니다.

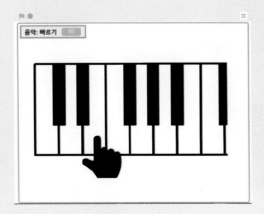

☑ 🎵 빠르기 를 사용하면 무대 영역에 음악: 빠르기 60 이 표시됩니다.

○ STEP ❸ 자동으로 동요 재생하기

재생 버튼 모양의 스프라이트를 직접 제작하고 그 버튼을 누르면 동요 '봄나들이'가 연주되도록 코드를
만들어 봅시다.

01 새로운 스프라이트를 만들기 위해 스프라이트 영역의 ▨(그리기)을 클릭합니다. 새로운 스프라이
트가 생깁니다.

02 재생 버튼 모양의 스프라이트는 원과 삼각형을 그려 만들 수 있습니다. 먼저, [모양] 탭에서 [비트
맵으로 바꾸기]를 클릭합니다. ●(원)을 클릭하고 채우기 색을 선택하여 그립니다.

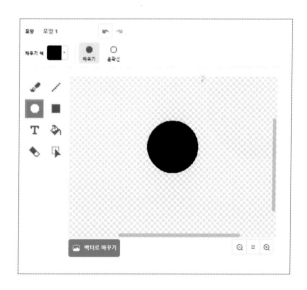

TIP
정 원 을 그 리 려 면
[Shift]키를 누른 상태
에서 드래그합니다.

03 ✎(선)을 클릭하고 채우기 색과 선 두께를 정하여 삼각형을 그린 후, 🖌(채우기 색)을 클릭하고 색을 선택해 다음과 같이 완성합니다.

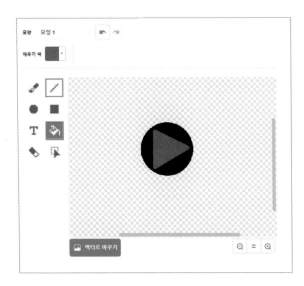

04 도형의 크기를 조절하기 위해 ▨(선택)을 클릭하고 드래그하여 도형을 선택한 다음, 조절점을 드래그하여 크기를 정합니다.

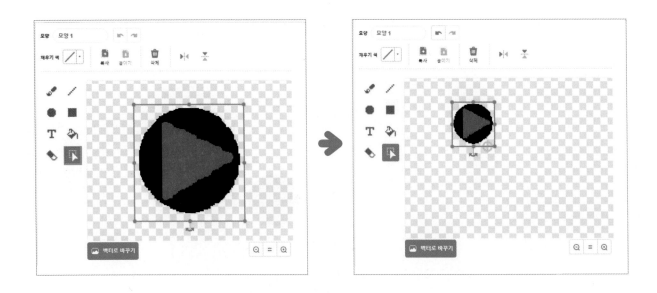

05 재생 버튼 스프라이트를 선택하고 [이벤트]의 클릭했을때 와 [동작]의 x: 0 y: -130 (으)로 이동하기 를 연결합니다. 이 때, x: -80, y: 0를 입력합니다.

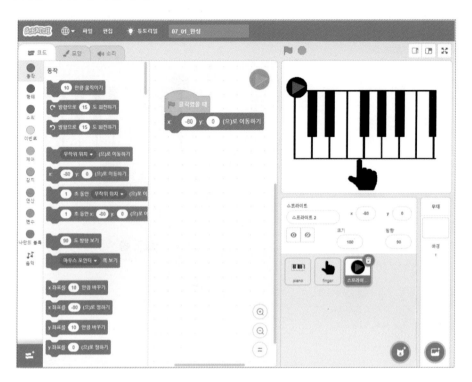

06 다음은 동요 '봄나들이' 악보입니다. '나리나리 개나리 입에 따다 물고요' 부분을 연주하는 스크래치 코드를 완성해 봅시다. 이 부분의 계이름은 '솔미솔미 솔라솔 미솔미도 레미레'입니다.

봄나들이

07 [이벤트] 블록의 이 스프라이트를 클릭했을 때와 [소리] 블록의 60 번 음을 0.5 박자로 연주하기를 연결합니다. 그 다음, '솔' 음인 '67'을 선택하고 "0.5" 박자를 입력합니다.

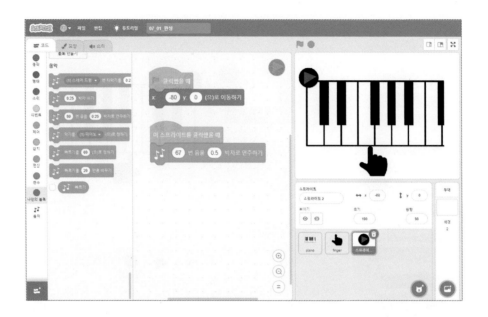

08 06의 악보를 보고 다음과 같이 코드를 완성해 봅시다. 음표의 길이에 따라 '0.5'와 '1' 박자를 사용하니 입력할 때 주의합니다. [형태]의  안녕! 말하기 를 추가하여 연주되는 가사를 다음과 같이 입력합니다.

09 피아노 스프라이트를 클릭하고 [이벤트]의 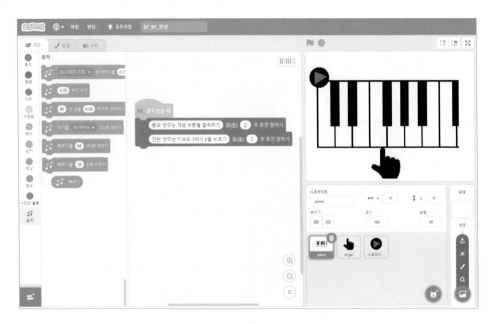 와 [형태]의 █안녕 을(를) 2 초 동안 말하기 를 연결합니다. "동요 연주는 재생 버튼을 클릭하기", "건반 연주는 키보드 1에서 8을 누르기"를 입력하여 사용자가 어떤 동작을 해야 이 코드를 사용할 수 있을지에 대한 안내합니다.

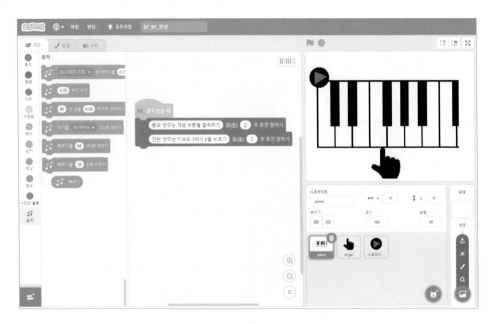

10 마지막으로 [배경 고르기]를 클릭해 무대 배경으로 'Blue Sky'를 선택합니다.

▲ 완성파일: 07_01_완성

01 스네어 드럼을 연주하는 프로젝트를 완성해 보세요.

조건
- 10번 반복하기
- '(1) 스네어 드럼'을 0.25 박자로 연주하기
- 연주 후 0.1 박자 쉬기

▲ 완성파일: 기초_07_01_완성

02 기타를 연주하는 사람 프로젝트를 완성해 보세요.

기타를 클릭해 보세요!

조건
사람 스프라이트
- 10번 반복하기
- "기타를 클릭해 보세요!"를 2초 동안 말하기
- 계속해서 다른 모양으로 바꾸기

기타 스프라이트
- 10번 반복하기
- C2 Elec Guitar를 선택해 끝까지 재생내기

▲ 완성파일: 기초_07_02_완성

01 스트라이프를 업로드하여 각 스프라이트에 어울리는 소리가 재생되는 프로젝트를 완성해 보세요.

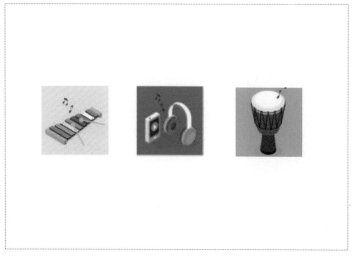

조건
- 스프라이트 파일 업로드(sound1.jpg, sound2.jpg, sound3.jpg)
- 투명도 효과 24로 정하기
- 스프라이트를 클릭하면 소리 재생 (Elec Piano Loop, Space Ripple, Drum Jam)

▲ 완성파일: 심화_07_01_완성

02 문제 **01**에 모든 소리를 끌 수 있는 스프라이트를 추가하여 프로젝트를 완성해 보세요.

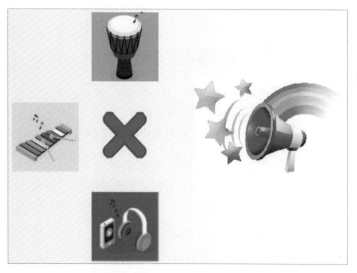

조건
- 배경 파일 업로드(background1.png)

STOP 스프라이트
- 투명도 효과를 24로 정하기
- 이 스프라이트를 클릭하면 모든 소리 끄기

▲ 완성파일: 심화_07_02_완성

Chapter

 8

구구단에 도전해요

학습목표

구구단을 외우기 위한 프로젝트를 만들어 봅시다. 이 프로젝트에서는 구구단 문제를 낼 때 난수가 필요합니다. 또한 숫자들을 저장할 수 있는 장소인 변수도 필요합니다.

스크래치에서 난수와 변수를 활용하여 구구단 프로젝트를 만드는 방법에 대해 알아볼까요?

무엇을 만들까?

구구단 맞추기

무엇을 배울까?

STEP ❶ 변수 만들기

STEP ❷ 난수 활용하기

STEP ❸ 신호 보내기

STEP ❹ 신호 받기

123

○STEP ① 변수 만들기

변수란 수나 문자를 저장하는 공간을 말합니다. 변수는 이름을 가지며, 사용에 따라 변수에 저장되는 값들은 변합니다. 스크래치에서는 [변수 만들기] 를 통해 변수 블록을 만들어서 사용할 수 있습니다. 새로 만든 변수들은 현재 사용 중인 프로젝트 안에서만 사용이 가능합니다. 변수의 이름은 수정할 수 있으며, 삭제할 수도 있습니다.

01 구구단 프로젝트를 만들기 위해 먼저, 스프라이트를 고릅니다. 'Kiran'이란 이름의 스프라이트를 고릅니다. 그 다음, 프로젝트 시작을 위한 [이벤트]의 [클릭했을 때] 와 스프라이트 모양을 바꾸기 위한 [형태]의 [모양을 Kiran-e ▾ (으)로 바꾸기] 를 연결합니다. 선택 버튼을 클릭한 후, 'kiran-e'를 선택합니다.

마지막으로, [안녕! 을(를) 2 초 동안 말하기] 를 연결해 스프라이트가 문제를 말하도록 만듭니다. 다음과 같이 "구구단을 맞춰 보세요."를 입력합니다.

02 이 프로젝트에서 필요한 변수는 몇 개일까요?

우선 수학에서의 구구단을 살펴보면, '단'이 있고 단과 곱하는 '수'가 1~9까지 있습니다. 물론, 계산한 결과인 '정답'도 있습니다.

이를 참고하여 스크래치에서도 변수의 이름을 '단', '수', '정답'으로 정합니다.

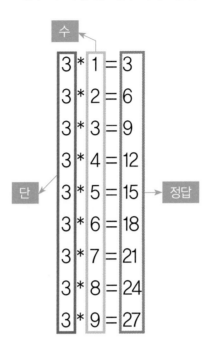

03 [변수]에서 변수 만들기 를 선택합니다. [새로운 변수] 창에서 변수 이름을 "단"으로 입력한 후 [확인]을 클릭합니다. 이때, '모든 스프라이트에서 사용'을 선택합니다.

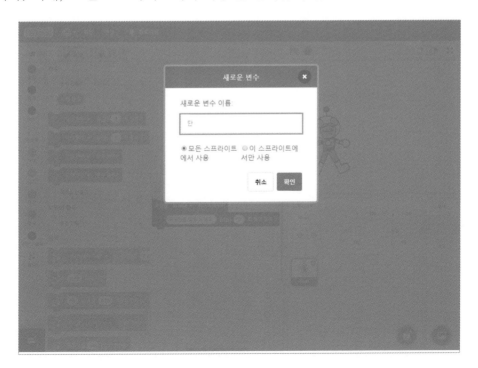

04 03의 방법으로 '수' 변수와 '정답' 변수를 추가합니다. [변수]에 '단', '수', '정답'으로 된 새 블록이 추가되고, 무대 영역에도 변수가 등장한 것을 확인할 수 있습니다.

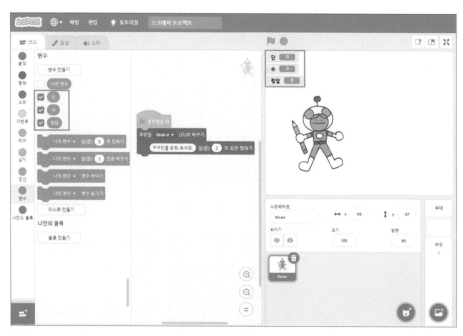

TIP

변수 이름 수정/삭제하기
변수 이름을 수정할 때 [변수]에서 변수 이름에 마우스 오른쪽 버튼을 클릭하여 [변수 이름 바꾸기]를 통해 수정할 수 있습니다. 변수를 삭제할 때는 이름 수정할 때와 마찬가지로 변수 이름에 마우스 오른쪽 버튼을 클릭하여 ["(변수 이름)" 변수 삭제하기]를 클릭해 삭제할 수 있습니다.

변수 이름 바꾸기
"단" 변수 삭제하기

05 변수를 추가하면 사용할 수 있는 4개의 블록이 생성됩니다.

06 새로 추가된 변수는 무대 영역에 표시됩니다. 만약 무대 영역에 보이지 않게 하려면 변수 블록의 체크를 해제합니다.

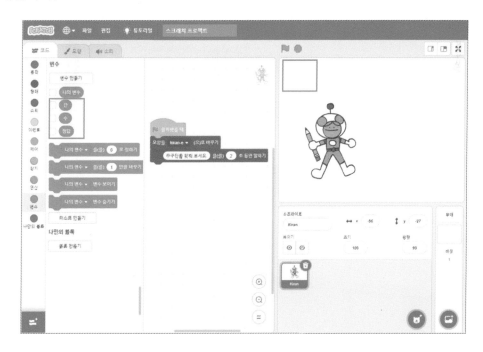

○STEP ❷ 난수 활용하기

구구단에서는 1부터 9까지의 수가 사용됩니다. 즉, 이 프로젝트는 1부터 9까지의 수를 조합하여 '단'과 '수'를 만들어 구구단 문제를 제시하게 됩니다. 변수 '단'과 '수'에 무작위로 값을 지정하기 위해 난수를 만드는 블록을 활용해 봅시다.

01 STEP ❶의 코드에 [변수]의 `단 ▼ 을(를) 0 로 정하기` 를 추가합니다. 그 다음, [연산]의 `1 부터 10 사이의 난수` 를 연결하고 1과 9를 입력합니다. 그러면 1부터 9까지의 수 중에서 무작위로 숫자를 사용할 수 있게 됩니다.

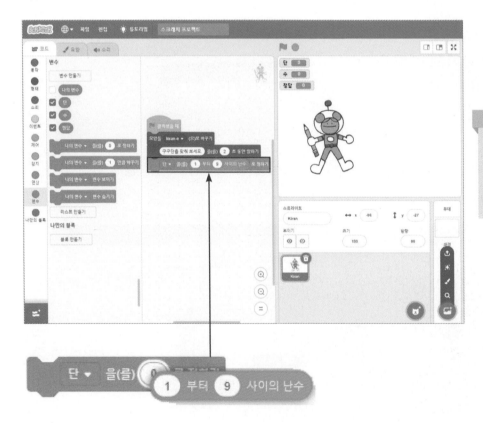

TIP

난수(Random number)는 특정한 순서나 규칙을 가지지 않는 수입니다.

02 01에서 만든 블록을 복사해 연결한 후, '수'를 선택합니다.

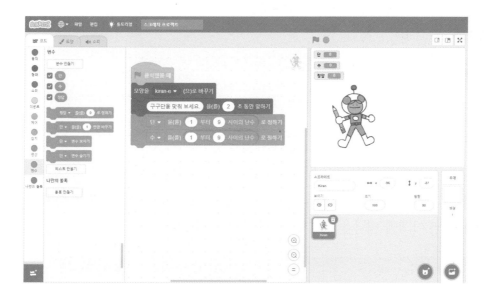

03 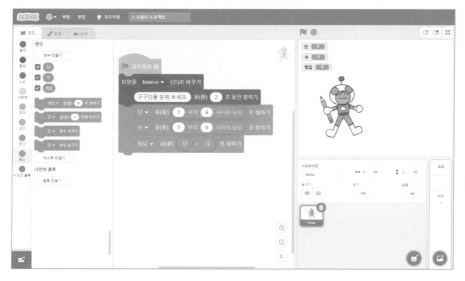를 추가하고 이번에는 '정답'을 선택합니다. 그 다음, [연산]의 ⬭×⬭를 연결합니다. ⬭×⬭의 왼쪽에는 단, 오른쪽에는 수를 연결합니다. 즉, 변수 '단'에 저장된 값과 변수 '수'에 저장된 값을 곱한 결과를 변수 '정답'에 저장하게 되는 것입니다.

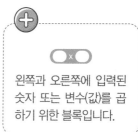

왼쪽과 오른쪽에 입력된 숫자 또는 변수(값)를 곱하기 위한 블록입니다.

04 구구단 문제를 내기 위해 [연산]의  를 활용합니다. 이 블록을 다음과 같이 연결합니다. 연결한 블록에 왼쪽에는 단, 가운데에는 "x(곱셈 기호)"를 입력하고, 오른쪽에는 수 를 연결합니다.

05 스프라이트를 통해 구구단 문제를 내고 기다리는 화면이 필요합니다. [감지]의 What's your name? 라고 묻고 기다리기 와 단 와(과) x 와(과) 수 결합하기 결합하기 를 연결해 다음과 같이 완성합니다. 스프라이트가 입력된 문장을 말하면(물으면) 무대 영역 아래에 대답을 입력할 수 있는 창이 나타납니다.

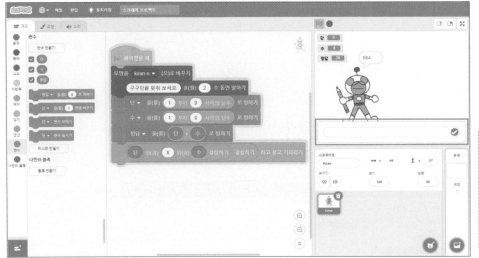

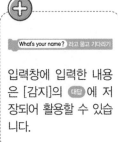

What's your name? 라고 묻고 기다리기

입력창에 입력한 내용은 [감지]의 대답 에 저장되어 활용할 수 있습니다.

⊙STEP ❸ 신호 보내기

메시지1▾ 신호 보내기 를 활용하면 다른 스프라이트와 상호 작용을 할 수 있습니다. 신호를 보내면 그 신호를 받은 스프라이트의 코드가 실행됩니다.

구구단 프로젝트에서는 정답과 대답이 같다면 '잘했어요' 신호를 보냅니다. 같지 않다면 '다시도전' 신호를 보내게 됩니다.

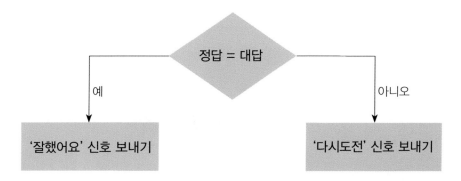

01 STEP ❷ 05의 코드에 [제어]의 만약 ◯(이)라면 ~ 아니면 을 추가합니다. 다음과 같이 [연산]의 ◯=50 를 추가하여 왼쪽에는 [변수]의 정답 을 오른쪽에는 [감지]의 대답 을 연결합니다.

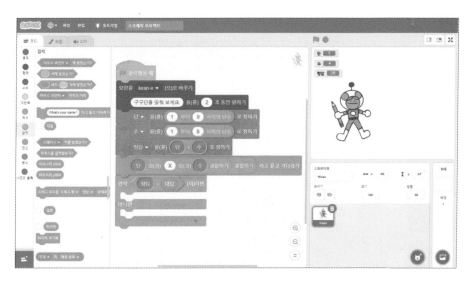

02 01의 코드에 [이벤트]의 █ 메시지1▼ 신호 보내기 를 추가합니다. 선택 버튼을 클릭한 후 [새로운 메시지]를 선택합니다. [새로운 메시지] 창에서 메시지 이름으로 "잘했어요"를 입력한 후 [확인]을 클릭합니다.

03 [이벤트]의 █ 메시지1▼ 신호 보내기 를 하나 더 추가합니다. 이번에는 [새로운 메시지] 창에서 메시지 이름으로 "다시도전"을 입력한 후 [확인]을 클릭합니다.

04 █ 무한 반복하기 를 추가하여 구구단 문제를 계속해서 낼 수 있도록 합니다.

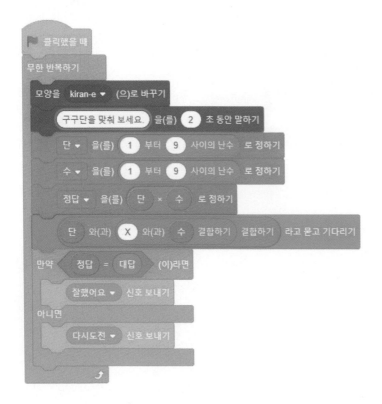

⚲STEP ❹ 신호 받기

STEP ❸의 신호 보내기를 통해 호출된 내용을 받은 스프라이트는 주어진 코드를 실행해야 합니다. 신호를 받은 스프라이트는 다음과 같이 구성됩니다.

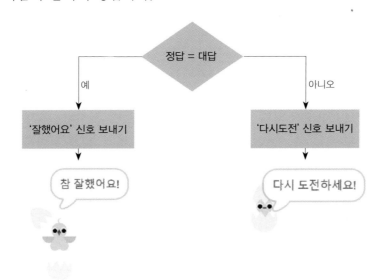

01 'Hatchling' 스프라이트를 추가합니다. 이 스프라이트를 선택한 후 [이벤트]의 메시지1▼ 신호를받았을때 ('잘했어요' 를 선택)와 [형태]의 안녕! 을(를) 2 초동안 말하기 를 연결합니다. 안녕! 을(를) 2 초동안 말하기 에 "참 잘했어요!"를 입력합니다.

02 신호를 받을 때만 스프라이트가 보였다가 사라지게 하기 위해 보이기와 숨기기를 추가합니다.

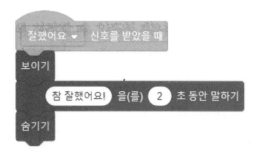

03 스프라이트가 말하는 내용에 따라 모양이 변하도록 만들어 봅시다. '잘했어요' 신호를 받았을 때는 'hatchling-c'를, '다시도전' 신호를 받았을 때는 'hatchling-b'로 설정합니다.

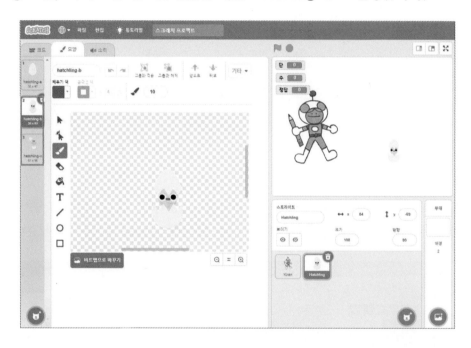

04 [형태]의 모양을 hatchling-c▾ (으)로 바꾸기를 다음과 같이 추가합니다. 선택 버튼을 클릭해 'hatchling-c'를 선택합니다.

05 **04**에서 완성한 블록을 복사하고, 다음과 같이 수정해 '다시도전' 신호를 받았을 때 실행될 코드를 완성해 봅시다.

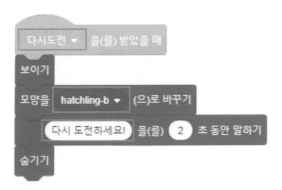

06 다음과 같이 'Hatchling' 스프라이트의 코드가 완성되었습니다.

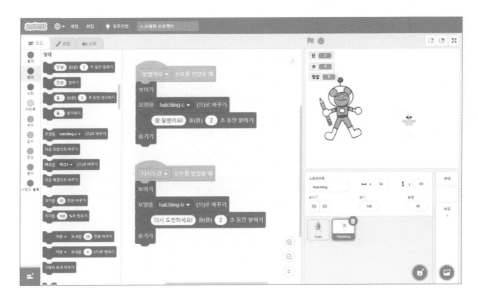

07 구구단 프로젝트의 마무리 단계로, 'Chalkboard' 배경을 선택하여 완성해 봅시다.

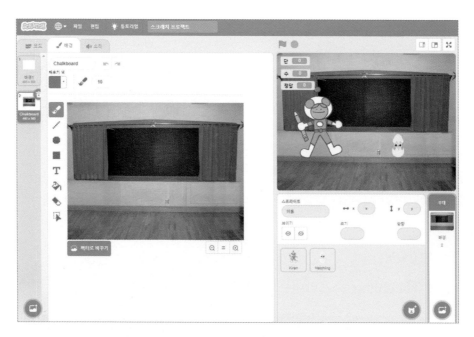

▲ 완성파일: 08_01_완성

08 프로젝트를 실행하기 전에, [변수]에서 변수 앞 체크 박스의 체크를 해제하여 문제와 정답이 노출되지 않도록 합니다. 자, 이제 프로젝트를 실행해 볼까요?

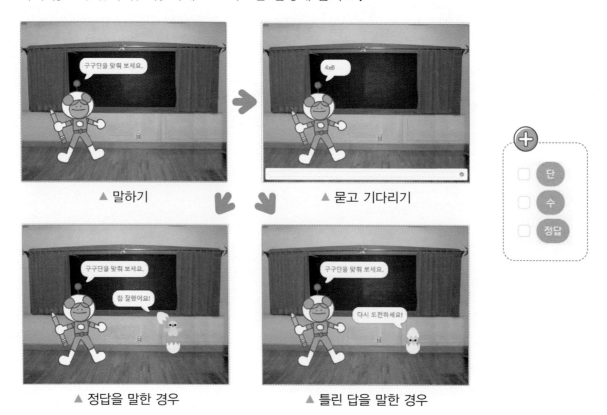

▲ 말하기

▲ 묻고 기다리기

▲ 정답을 말한 경우

▲ 틀린 답을 말한 경우

01 스페이스 키를 눌렀을 때 스프라이트가 이동하는 프로젝트를 완성해 보세요.

조건
- 시작할 때, 시작 위치는 x: 0, y: 0
- 시작할 때, 크기는 70%로 정하기
- 스페이스 눌렀을 때, 다음 모양으로 바꾸기
- 스페이스 눌렀을 때, X축의 −100에서 100 까지 사이를 자유롭게 이동
- Y축의 0에서 −110까지 사이를 자유롭게 이동

▲ 완성파일: 기초_08_01_완성

02 스프라이트가 서로 대화를 주고 받는 프로젝트를 완성해 보세요.

문구점에 가는 중이에요~

조건
- 신호 보내기 메시지명은 "장소"로 설정
- 아빠 스프라이트는 "어디를 가니?" 말하기
- 아들 스프라이트는 "문구점에 가는 중이에 요~" 말하기

▲ 준비파일: 기초_08_02_준비
▲ 완성파일: 기초_08_02_완성

도전하기

01 제시되는 두 수를 나눈 나머지를 맞추는 프로젝트를 완성해 보세요.

- 변수 '나누어지는 수', '나누는 수', '나머지' 만들기
- 나누어지는 수는 1에서 99 사이의 난수로 정하기
- 나누는 수는 1에서 9 사이의 난수로 정하기
- (나누기 (의 나머지) 블록 사용
- 나머지와 대답이 같다면 "정답입니다."를 말하고, 다르다면 "틀렸습니다."를 말하기

▲ 준비파일: 심화_08_01_준비 / 완성파일: 심화_08_01_완성

02 문제 01을 응용해 다음과 같은 과정으로 실행되는 프로젝트를 완성해 보세요.

❶ 선생님 스프라이트가 문제를 제시합니다. 이어서, '말하기' 신호를 보냅니다.

❷ 고양이 스프라이트가 '말하기' 신호를 받아서 대답을 기다립니다. 대답이 입력되면 '대답하기' 신호를 보냅니다.

❸ 선생님 스프라이트가 '대답하기' 신호를 받아서 대답에 따라 "정답입니다." 또는 "틀렸습니다."를 말합니다.

숫자 맞추기에 도전해요

 학습목표

컴퓨터가 생각하고 있는 숫자를 맞추는 프로젝트를 만들어 봅시다. 이 프로젝트에서 스무고개를 하듯이 사용자가 입력한 내용과 컴퓨터가 생각하고 있는 내용이 맞는지 확인하는 과정이 반복됩니다. 변수를 사용하여 대답한 횟수를 저장하여 몇 번만에 대답을 했는지를 알 수 있습니다.

지금부터 상호 작용을 통해 숫자 맞추기 게임 프로젝트를 만들어 볼까요?

무엇을 만들까?

숫자 맞추기 게임하기

무엇을 배울까?

STEP ❶ 질문에 답하기

STEP ❷ 대답 횟수 확인하기

STEP ❸ 신호 보내기로 실행하기

STEP ❶ 질문에 답하기

질문의 순서와 정답과 대답이 같은지에 따라 코드가 달라집니다.
그럼, 순서를 먼저 알아볼까요?

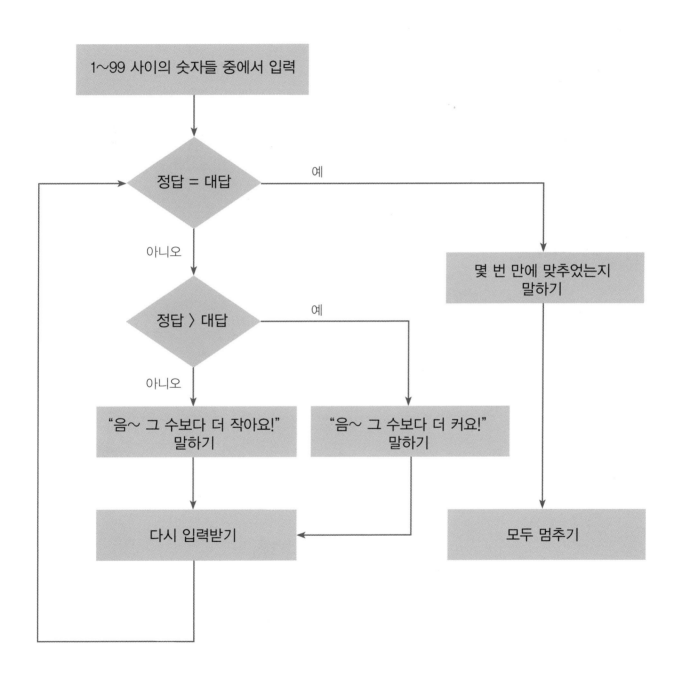

01 준비파일을 열고 요정 스프라이트를 선택한 후, 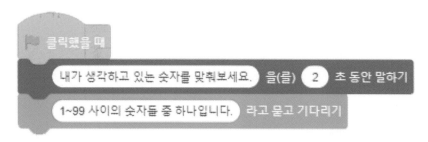를 코드 영역으로 드래그합니다. 그 다음, 와 를 연결하고, 각각 아래와 같은 내용을 입력합니다.

▲ 준비파일: 09_01_준비

02 필요한 변수를 만들어 보도록 합시다. 대답과 정답이 몇 번 만에 일치하는지 알기 위해 대답한 횟수를 저장하는 변수가 필요합니다. 또한 컴퓨터가 선택한 1~99 사이의 숫자 즉, 정답을 저장하기 위한 변수가 필요합니다. [변수]에서 변수만들기 를 선택한 후, 변수 '대답한 횟수'를 만듭니다. 이 변수는 '모든 스프라이트에서 사용'을 선택합니다.

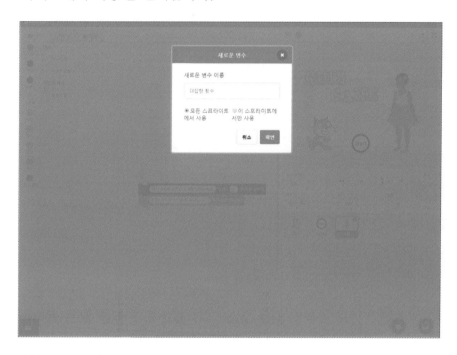

03 다시 한 번 변수만들기 를 클릭하여 같은 방법으로 '정답' 변수를 추가합니다. [변수] 블록에 새로운 변수가 2개 추가되었습니다. 새로 추가된 변수는 무대 영역도 표시됩니다.

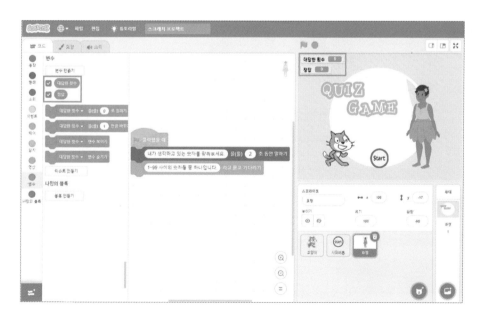

04 [만약 ◆(이)라면 ~ 아니면   ]은 주어진 조건을 만족할 경우와 그렇지 않을 경우 각각 코드가 다르게 실행됩니다. 여기서는, [정답]과 [대답]이 동일한 경우와 동일하지 않는 경우로 나누어집니다. 또한, 정답과 대답이 동일하지 않는 경우, 다시 정답이 대답보다 클 경우와 그렇지 않은 경우(정답이 대답보다 작을 경우)로 나누어 각각 코드를 다르게 실행합니다.

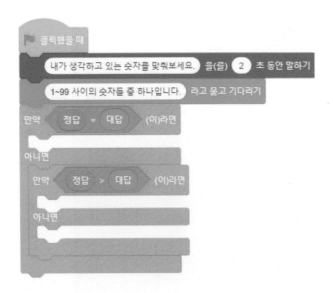

05 정답과 대답이 동일한 경우 실행될 코드를 먼저 만들어 봅시다. [apple 와(과) banana 결합하기]와 [대답한 횟수]를 연결한 후, 다음과 같이 텍스트를 입력하고 [안녕! 을(를) 2 초 동안 말하기]와 연결합니다. 마지막으로 이 게임을 종료시키기 위해 [멈추기 모두▼]를 추가합니다.

클릭했을 때
내가 생각하고 있는 숫자를 맞춰보세요. 을(를) 2 초 동안 말하기
1~99 사이의 숫자들 중 하나입니다. 라고 묻고 기다리기
만약 〈 정답 = 대답 〉 (이)라면
　대답한 횟수 와(과) 번만에 맞추었어요! 결합하기 을(를) 2 초 동안 말하기
　멈추기 모두 ▾
아니면
　만약 〈 정답 > 대답 〉 (이)라면

　아니면

06 이제 정답과 대답이 같지 않은 경우를 생각해 볼까요?

먼저 '정답 〉 대답'인 경우는 "음~ 그 수보다 더 커요!"라고 말합니다. '정답 〉 대답'이 아 닌 경우(즉, '정답 〈 대답'인 경우)는 "음~ 그 수보다 작아요!"라고 말합니다. 다음과 같이  에 말할 내용을 입력합니다.

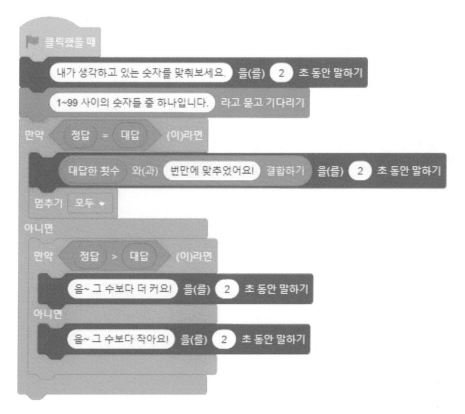

▲ '정답〉대답'인 경우

▲ '정답〉대답'이 아닌 경우

07 정답과 대답이 동일하지 않은 경우 다시 게임을 진행하기 위해 `What's your name? 라고 묻고 기다리기`를 다음과 같이 추가한 후, "다시 시작해 보세요."를 입력합니다. 또한, 정답과 대답이 일치할 때까지 코드는 반복되어야 하므로 `무한 반복하기`를 추가하여 코드를 완성합니다.

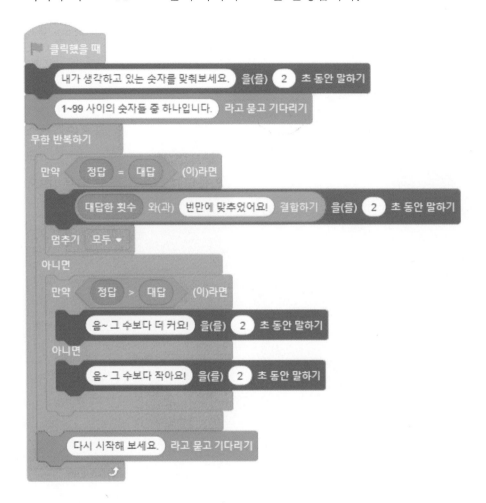

지금까지 잘 진행하셨나요?

현재까지 만든 프로젝트를 실행하여 문제점은 없는지 확인해 봅시다. 🏳(시작하기)를 클릭합니다.

실행 결과, 다음과 같은 2가지 문제가 생겼습니다.

첫째, 정답이 표시되지 않습니다.

정답에는 1에서 99까지의 수 중에서 컴퓨터가 선택한(생각한) 숫자가 표시되어야 합니다.

둘째, 대답한 횟수가 증가하지 않습니다.

정답과 대답이 일치하지 않을 때 변수 '대답한 횟수'의 값이 증가해야 합니다.

위와 같은 2가지 문제를 해결하기 위해서는 어느 부분에, 어떤 블록들이 추가되어야 할까요?

01 '정답' 변수에는 1~99 사이의 숫자들 중 무작위로 선택된 1개의 수를 저장합니다. 그러기 위해 [연산]의 `1 부터 10 사이의 난수` 에 1과 99를 입력한 후, [변수]의 `정답 ▼ 을(를) 0 로 정하기` ('정답'을 선택)를 연결합니다. **STEP ❶** 07의 코드에 다음과 같이 블록을 추가합니다.

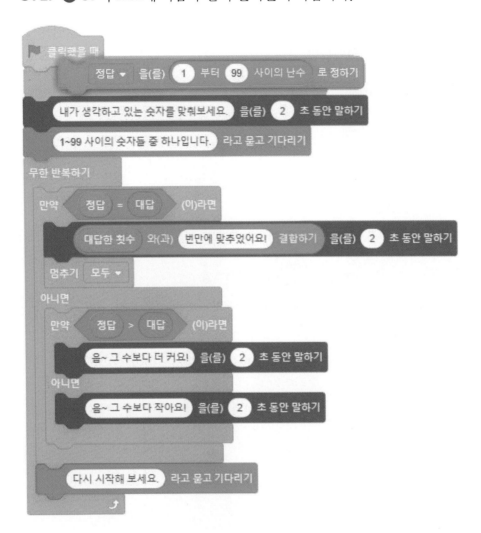

02 만약 난수를 만들어 '정답' 변수에 저장하는 블록이 묻고 기다리기 블록 아래에 위치한다면 결과는 어떻게 될까요? 정답이 정해지기도 전에 대답이 먼저 입력되어 정답과 비교할 수가 없게 됩니다. 그러므로 '정답' 변수에 난수를 저장한 후, 묻고 기다리기를 통해 얻은 '대답'을 비교하여야 원하는 방향으로 프로젝트가 완성될 수 있습니다.

03 프로젝트를 시작할 때, '대답한 횟수' 변수의 초기 값은 0이어야 하므로 [변수]의 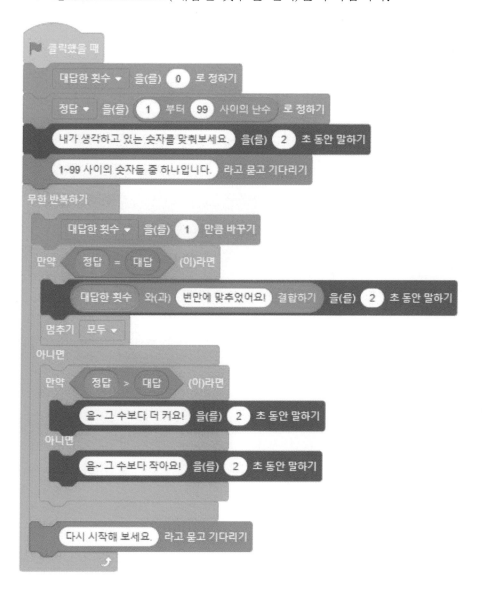('대답한 횟수'를 선택)를 추가합니다. 또한, 오답이 반복되면 '대답한 횟수' 변수가 1씩 증가해야 하므로 대답한 횟수 ▾ 을(를) ① 만큼 바꾸기 ('대답한 횟수'를 선택)를 추가합니다.

게임의 시작을 안내하는 고양이 스프라이트와 Start 버튼 스프라이트에 블록을 추가하여 게임을 좀 더 '게임답게' 만들어 봅시다. 이때, 메시지1▼ 신호 보내기 을 활용하여 스프라이트 간에 상호작용을 해 코드가 차례로 실행되게끔 완성해 봅시다.

01 고양이 스프라이트를 통해 게임이 시작됨을 알려봅시다. 클릭했을 때 와 안녕! 을(를) ② 초 동안 말하기 를 추가한 후, "퀴즈를 시작하려면 Start 버튼을 클릭하세요."를 입력합니다.

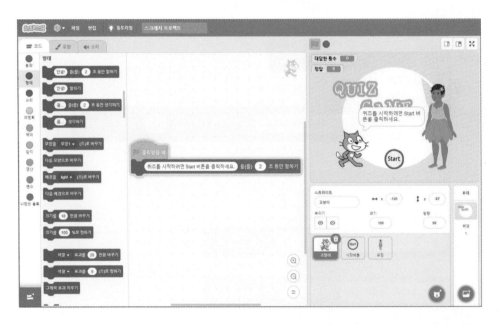

02 고양이 스프라이트의 안내대로 Start 버튼 스프라이트를 클릭하면 본격적인 게임이 시작되도록 합니다. Start 버튼 스프라이트를 선택한 후, 코드 영역으로 [이벤트]의 이 스프라이트를 클릭했을 때 를 드래그합니다. 메시지1▼ 신호 보내기 를 연결합니다. 이때, 새로운 메시지로 "시작"을 만들어 사용합니다.

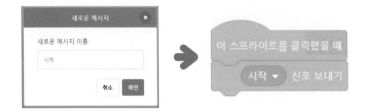

03 다시 요정 스프라이트를 선택한 후, **STEP ❷** 03의 코드를 수정해 봅시다. [클릭했을 때] 를 [메시지1▾ 신호를 받았을 때] ('시 작'을 선택)로 교체해 신호를 받아 게임이 실행되도록 만듭니다. [변수]에서 '정답' 변수 앞 체크 박 스의 체크를 해제하여 화면에 정답이 보이지 않도록 해야 합니다.

마지막으로 [모양을 fairy-a▾ (으)로 바꾸기] 를 추가해 게임의 재미를 더해 줍니다. 이제 게임을 시작해 볼까요?

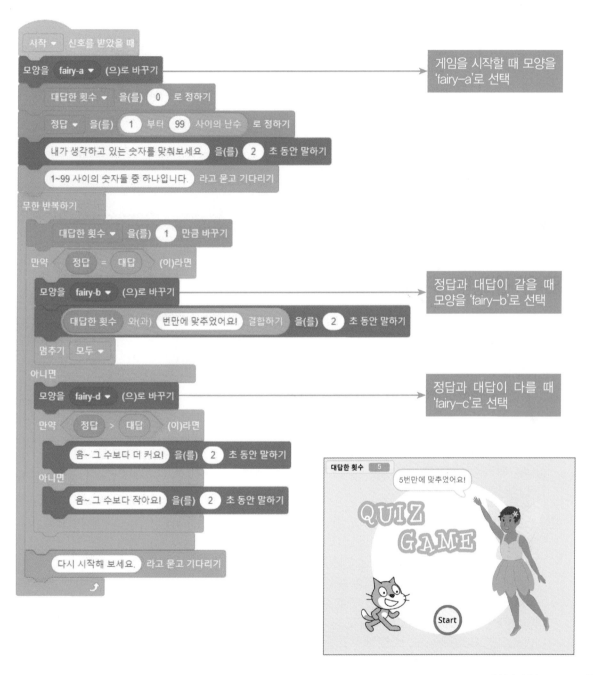

다음과 같은 안내가 나타난다:
- 게임을 시작할 때 모양을 'fairy-a'로 선택
- 정답과 대답이 같을 때 모양을 'fairy-b'로 선택
- 정답과 대답이 다를 때 'fairy-c'로 선택

▲ 완성파일: 09_01_완성

01 공의 번호를 입력하면 선물 상자에서 공으로 등장하는 프로젝트를 완성해 보세요.

▲ 준비파일: 기초_09_01_준비 / 완성파일: 기초_09_01_완성

조건　**고양이 스프라이트**

- 실행할 때, "생일 선물로 받고 싶은 공의 번호를 입력하세요." 말하기
- "선물" 신호 보내기

선물 스프라이트

- "선물" 메시지를 받았을 때 실행
- "선물" 스프라이트의 크기는 200%로 정하기
- "선물" 스프라이트의 초기 모양은 'gift-a'
- '1. 야구공 2. 농구공 3. 축구공' 중 선택을 할 수 있도록 묻고 기다리기
- 대답=1이면 'Baseball' 모양으로 바꾸고 숨기기
- 대답=2이면 'Basketball'모양으로 바꾸고 숨기기
- 대답=3이면 'Soccer Ball'모양으로 바꾸고 숨기기
- 숫자 1~3 이외의 대답을 받았을 경우 다시 입력받기

01 스페이스 키를 누를 때마다 무작위로 스프라이트의 모양과 배경이 바뀌도록 프로젝트를 만들어 보세요.

▲ 완성파일: 심화_09_01_완성

조건
- 실행할 때, 'Dance around' 소리 재생하기
- 실행할 때, '모양1(기본 스프라이트)'로 바꾸기
- "스페이스 키를 누르면 다른 공룡들이 등장해요!" 말하기
- 조건으로 스페이스 키를 눌렀는가를 설정하기
- 1~3 사이의 난수를 '번호' 변수에 저장하도록 정하기
- '번호'=1이면 모양은 'Dinosaur4-a'로, 배경은 'Jurassic'로 바꾸기
- '번호'=2이면 모양은 'Dinosaur4-b'로, 배경은 'Space'로 바꾸기
- '번호'=3이면 모양은 'Dinosaur4-d'로, 배경은 'Farm'로 바꾸기

10 한글과 영어 단어를 변환해요

 학습목표

앞서 배운 변수는 수나 문자 등의 자료를 변수당 하나씩만 저장할 수 있었습니다. 반면, 이번 과정에서 배울 리스트를 사용하면 여러 개의 자료를 하나의 리스트에 저장할 수 있습니다. 지금부터 리스트를 사용하여 한글로 된 단어는 영어로, 영어로 된 단어는 한글로 맞추는 게임을 만드는 방법을 알아봅시다.

무엇을 만들까?

무엇을 배울까?

STEP ❶ 변수와 리스트 만들기   **STEP ❸** 난수를 활용해 질문 정하기

STEP ❷ 항목 수 나타내기   **STEP ❹** 정답 확인하기

STEP ① 변수와 리스트 만들기

변수와 리스트의 차이점에 대해 알아봅시다. 변수는 자료를 저장하는 공간으로 하나의 자료만을 저장할 수 있습니다. 리스트 또한 자료를 저장하는 공간이지만 변수와 달리 여러 개의 자료를 저장할 수 있습니다. 리스트의 항목 수는 원하는 만큼 설정할 수 있습니다.

이러한 리스트를 활용하여 단어 맞추기 게임을 만들어 봅시다.

이 게임에서는 한글과 영어 단어를 저장하는 2개의 리스트가 필요합니다.

'한글' 리스트와 '영어' 리스트에 각각 5개의 자료가 저장됩니다. 이때, 자료가 리스트의 항목이 되며, 각 리스트의 항목 수는 5개가 됩니다.

'한글' 리스트			'영어' 리스트	
하늘	1		1	sky
기차	2		2	train
사과	3		3	apple
책	4		4	book
컴퓨터	5		5	computer

이 게임에서는 리스트도 필요하지만 변수도 필요합니다. 게임에 필요한 변수는 사용하는 단어의 수(항목 수)와 제시된 단어가 리스트의 몇 번째인지를 저장하는 변수가 필요합니다.

- '단어 수' 변수 : 제시되는 한글 단어와 영어 단어의 개수. 즉, 항목 수를 저장
- '질문' 변수 : 리스트의 순서이자 각 단어의 번호를 저장

예를 들면, '한글' 리스트의 '사과'를 제시하면 '질문' 변수에 3이 저장되며, 입력된 대답이 '영어' 리스트의 3에 해당하는 'apple'와 같은지 비교합니다.

01 준비파일을 열고 사람 스프라이트를 선택한 후, [변수]에서 [변수 만들기] 를 선택합니다.

▲ 준비파일: 10_01_준비

02 [새로운 변수] 창에서 첫 번째 변수 이름은 "단어 수"로 입력하고 '모든 스프라이트에서 사용'을 선택한 후 [확인]을 클릭합니다. 같은 방법으로 두 번째 변수 이름은 "질문"으로 입력하고 '모든 스프라이트에서 사용'을 선택한 후 [확인]을 클릭합니다.

03 이번에는 단어를 저장할 리스트를 만들기 위해 [변수]에서 리스트 만들기 를 선택합니다.

04 [새로운 리스트] 창에서 첫 번째 리스트 이름은 "한글>영어"를 입력하고 '모든 스프라이트에서 사용'을 선택한 후 [확인]을 클릭합니다. 같은 방법으로 두 번째 리스트 이름은 반대인 "영어>한글"을 입력하고 '모든 스프라이트에서 사용'을 선택한 후 [확인]을 클릭합니다.

05 리스트가 만들어졌다면 리스트에 자료를 추가해 봅시다. '한글〉영어' 리스트에 하늘, 기차, 사과, 책, 컴퓨터 순으로 추가해 봅시다.
[변수]의 █ <u>항목</u> 을(를) 한글〉영어 ▾ 에 추가하기 를 사용합니다. 선택 버튼을 클릭한 후 '한글〉영어'로 선택합니다. 항목에 "하늘"이라고 입력합니다.

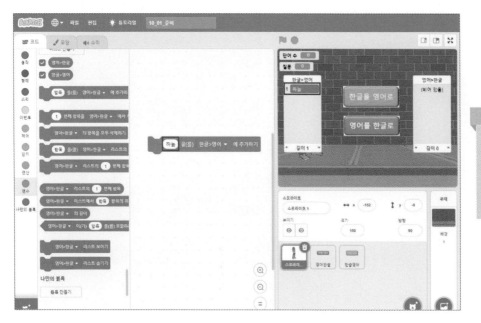

06 05의 방법으로 '한글〉영어' 리스트에 나머지 항목을 추가합니다.

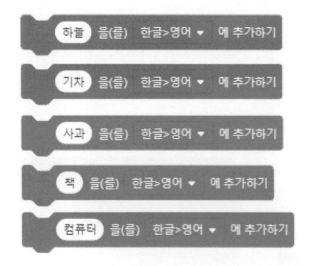

07 같은 방법으로 이번에는 '영어>한글' 리스트에 항목을 추가해 봅시다.

항목 을(를) 영어>한글 ▾ 에 추가하기 ('영어>한글'을 선택)에 항목을 "sky"를 입력합니다. 이어서 train, apple, book, computer를 항목에 추가하여 다음과 같이 '영어>한글' 리스트를 완성해 봅시다.

08 완성된 리스트를 무대에서 확인해 봅시다.

리스트 항목을 만들기 위해 **05~07**에서 사용한 '추가하기' 블록들을 삭제하고 다음 과정으로 넘어가도록 합시다.

01 사람 스프라이트를 선택한 후, ▢클릭했을때 와 ▢안녕!을(를)❷초동안말하기를 연결합니다. "단어의 한글 또는 영어 단어를 맞춰보세요."와 "원하는 버튼을 클릭해 주세요."를 각각 입력합니다.

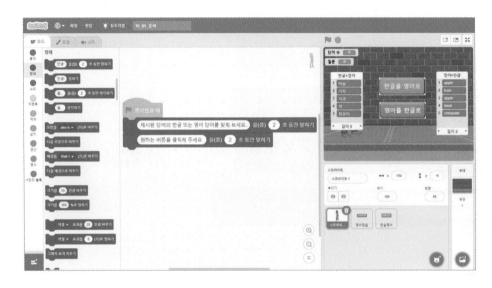

02 [변수]의 ▢단어수▾을(를)0로정하기 와 ▢한글▸영어▾의길이 를 연결합니다. '한글〉영어' 리스트에 입력한 단어 수는 5개 이므로 '단어 수' 변수에 5가 표시됩니다.

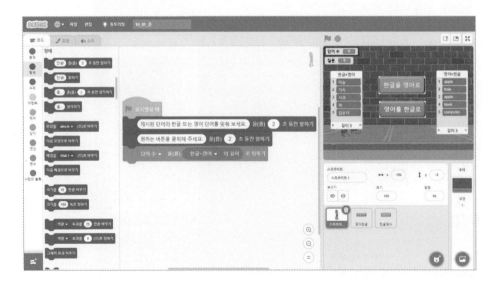

03 '한글〉영어' 리스트와 '영어〉한글' 리스트가 무대에 보이지 않게 숨깁니다. 리스트가 보이면 정답이 노출되므로 [한글)영어 ▼ 리스트 숨기기] 와 [영어)한글 ▼ 리스트 숨기기] 를 추가합니다.

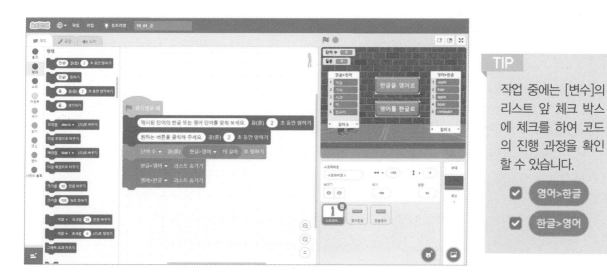

04 지금까지의 완성한 코드를 확인해 봅시다.
- 사람 스프라이트가 2회에 걸쳐 말하기를 하고 있나요?
- 2개의 리스트가 무대에서 보이지 않나요?

○STEP ❸ 난수를 활용해 질문 정하기

[한글을 영어로] 버튼을 클릭하면 한글 단어가 보여지고 이 단어의 영어 단어를 맞출 수 있도록 코드를 완성해 봅시다. 이때, 한글 단어는 '한글>영어' 리스트 항목에서 무작위로 선택되어 보여지도록 합니다.

01 [한글을 영어로] 스프라이트를 선택한 후, [변수]의 [질문▼ 을(를) ⓪ 로 정하기], [한글>영어▼ 의 길이] 와 [연산]의 [① 부터 ⑩ 사이의 난수] 를 다음과 같이 연결해 봅시다. '한글>영어' 리스트에서 단어가 무작위로 선택되어 보여지기 위해 [① 부터 ⑩ 사이의 난수] 를 사용합니다.

> 질문 ▼ 을(를) ① 부터 한글>영어 ▼ 의 길이 사이의 난수 로 정하기

'한글>영어' 리스트 항목 수는 5개이므로 '질문' 변수의 값은 1부터 5 사이에서 정해집니다.

02 '질문' 변수의 값과 일치하는 한글 항목을 찾아 말하기 위해서 [형태]의 [안녕! 말하기] 와 [변수]의 [한글>영어 ▼ 리스트의 ① 번째 항목] 과 [질문] 을 다음과 같이 연결합니다. 그 다음, [① 초 기다리기] 와 [What's your name? 라고 묻고 기다리기] 를 추가한 후, "의 영어단어는?"을 입력합니다.

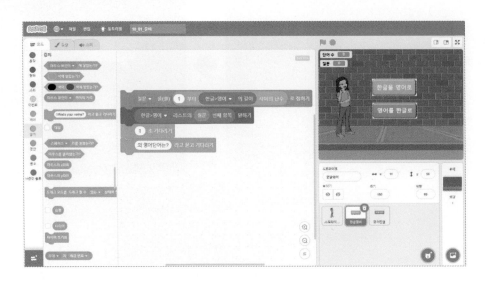

○ STEP ④ 정답 확인하기 »

  이제 질문(한글 단어)에 대하여 대답(영어 단어)이 맞는지 확인하는 코드를 만들어 봅시다. 질문에 대한 대답이 맞는 경우와 틀린 경우에 따라 결과가 다르게 나타납니다. 질문에 대한 대답이 맞는 경우 리스트에서 해당 항목을 삭제합니다. 따라서 단어의 수가 1씩 줄어듭니다.

▲ 대답이 틀렸을 때

▲ 대답이 맞았을 때

163

01 [한글을 영어로] 스프라이트를 선택한 후, 질문에 대한 대답이 맞는지 조건을 설정하기 위해 [연산]의 〔 〕= 50 와 [변수]의 [영어>한글 ▼ 리스트의 1 번째 항목]과 [질문], [감지]의 [대답]을 다음과 같이 연결합니다. 이때, 대답과 '영어>한글' 리스트의 항목이 일치해야 합니다.

[대답 = 영어>한글 ▼ 리스트의 질문 번째 항목]

02 질문에 대한 대답이 맞는지에 따라 이어지는 결과는 다르게 나타납니다.
- 만약, 대답과 질문이 같다면(맞다면)
  - "맞습니다."라고 말하기
  - 질문에 해당하는 항목을 두 리스트에서 모두 삭제
  - '단어 수'를 1개씩 감소
- 만약, 대답과 질문이 다르다면(틀리다면)
  - "틀렸습니다."라고 말하기

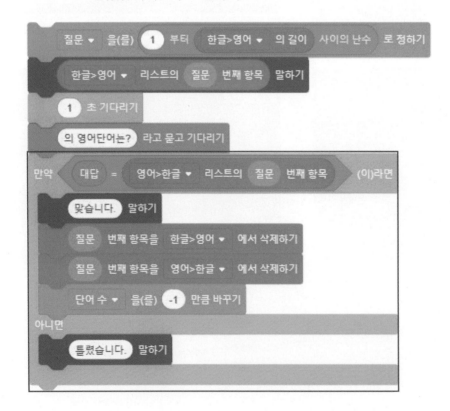

03 리스트의 항목이 0이 될 때까지(리스트에 남아있는 항목이 없을 때까지) **02**의 코드를 반복하여 질문을 해야 합니다. 이 코드는 대답과 질문이 같으면 단어 수를 1씩 감소하여 0이 될 때 마지막 질문을 하게 됩니다. 0이 될 때, 대답과 질문이 같다면 −1이 되어 반복이 종료되고 종료 메시지를 말합니다.

그리기 위해서는 [까지 반복하기] 와 [=50], [한글>영어▼의길이] 를 연결하여 다음과 같이 코드를 완성해 봅니다. 이 코드는 [이 스프라이트를 클릭했을 때] 를 사용하여 실행하도록 합니다. 마지막으로 [1초 기다리기] 와 [안녕!말하기] 를 추가한 후, "Mission 완성!"을 입력합니다.

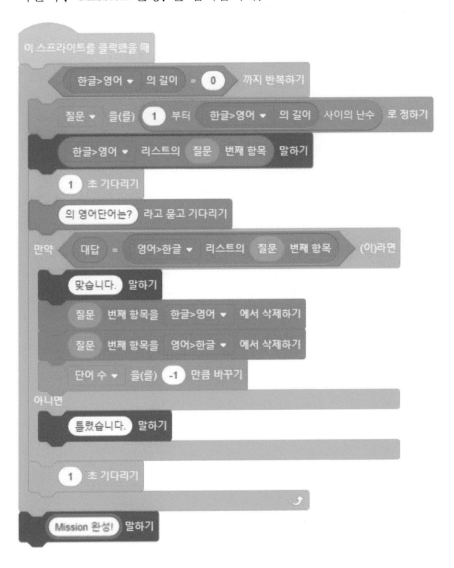

04 이제 영어 단어가 제시되면 해당 단어의 한글 단어를 맞추는 코드를 만들어 이 게임을 완성해 봅시다. 한글을영어로 와 마찬가지로 무대에서 영어를한글로 버튼을 클릭하면 '영어>한글' 리스트 항목에 있는 영어 단어가 제시되고 해당 단어의 한글 단어를 입력 받아 정답인지 오답인지를 판단하여 메시지를 말하도록 합니다. 영어를한글로 스프라이트를 선택한 후, 한글을영어로 와 같은 블록이 사용되므로 복사하여 다음과 같이 수정합니다.

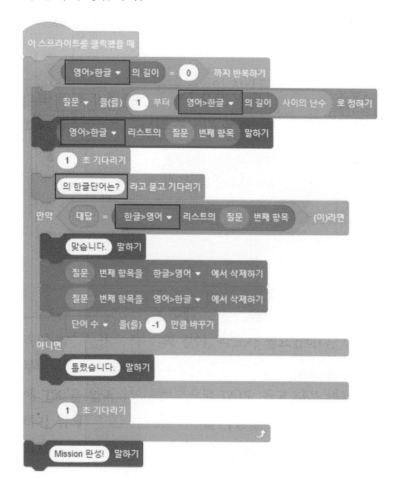

▲ 완성파일: 10_01_완성

> **TIP**
>
> 이 프로젝트에서 리스트 항목은 질문과 대답이 동일할 때 하나씩 삭제됩니다. 마지막에는 모든 리스트 항목이 삭제됩니다. 만약 제작 중간에 테스트를 위해 실행을 했다면, 추가한 리스트 항목이 삭제되고 맙니다. 이러한 문제가 발생하지 않도록 다음의 블록을 분리한 후, 프로젝트를 제작하고 난 마지막 단계에서 추가합니다.
>
> 질문 번째 항목을 한글>영어 ▼ 에서 삭제하기
> 질문 번째 항목을 영어>한글 ▼ 에서 삭제하기

리스트 항목 추가/삭제하기

리스트 상자에서 아래에 위치한 + 버튼을 사용하여 리스트에서 항목을 추가할 수 있습니다. + 버튼을 클릭하면 리스트 마지막에 작은 창이 추가되어 새로운 항목을 입력할 수 있습니다.

항목을 선택하여 항목 이름 오른쪽에 표시되는 ✕ 버튼을 클릭하면 리스트에서 원하는 항목을 삭제할 수 있습니다. 항목이 삭제되면 항목 번호도 자동으로 정렬됩니다.

01 선택한 메뉴의 가격을 알려주는 프로젝트를 완성해 보세요.

▲ 준비파일: 기초_10_01_준비 / 완성파일: 기초_10_01_완성

조건
- '가격' 리스트 만들기(1. 2000원, 2. 1000원, 3. 2500원, 4. 3000원)
- 실행할 때, "1~4번의 메뉴 중에서 한 가지를 선택하시오." 묻고 기다리기
- '대답'에 저장된 번호에 해당하는 리스트 항목을 말하기
- 단, 전체 코드는 무한 반복하기

02 여행지를 추가하거나 삭제하는 프로젝트를 완성해 보세요.

▲ 준비파일: 기초_10_02_준비 / 완성파일: 기초_10_02_완성

조건
선생님 스프라이트
- '여행지' 리스트 만들기
- 실행할 때, 리스트의 모든 항목 삭제하기
- "여행지를 추가하고 싶다면 Insert"를 말하기
- "여행지를 삭제하고 싶다면 Delete를 클릭하세요"를 말하기

추가(Insert) 스프라이트
- 이 스프라이트를 클릭했을 때 실행

- "추가할 여행지는?" 묻고 기다리기
- '대답'에 저장된 여행지를 리스트 항목에 추가하기

삭제(Delete) 스프라이트
- 이 스프라이트를 클릭했을 때 실행
- "삭제할 여행지 번호를 선택하세요!" 묻고 기다리기
- '대답'에 저장된 여행지를 리스트 항목에 삭제하기

도전하기

01 해당 국가의 국제전화 국가번호와 수도를 알려주는 프로젝트를 완성해 보세요.

▲ 준비파일: 심화_10_01_준비 / 완성파일: 심화_10_01_완성

조건
- '국가이름', '국가수도', '국가번호' 리스트 만들기
- '국가이름' 리스트 항목 : 한국, 미국, 중국, 일본, 영국, 프랑스
- '국가번호' 리스트 항목 : 한국-82, 미국-1, 중국-86, 일본-81, 영국-44, 프랑스-33
- '국가수도' 리스트 항목 : 한국-서울, 미국-워싱턴, 중국-베이징, 일본-도쿄, 영국-런던, 프랑스-파리

아빠 고양이 스프라이트
- 실행할 때, 무작위로 선택된 '국가이름' 리스트의 항목을 '질문' 변수에 저장하도록 정하기
- '질문' 변수에 저장된 항목에 해당되는 '국가이름'과 "의 국가 번호는 무엇일까요?"를 결합하여 말하기
- 0.5초 기다렸다가 "메시지1" 신호 보내기
- "메시지2" 신호를 받았을 때 실행
- "수도는 어디일까요?"를 말하기
- "메시지3" 신호 보내기

아기 고양이 스프라이트
- "메시지1"신호를 받았을 때 실행
- '질문' 변수에 저장된 항목에 해당되는 '국가번호'와 "입니다."를 결합하여 말하기
- "메시지2" 신호 보내기
- "메시지3"신호를 받았을 때 실행
- '질문' 변수에 저장된 항목에 해당되는 '국가수도'와 "입니다."를 결합하여 말하기
- 코드를 모두 멈추기

Chapter 11

홀수와 짝수의 합을 구해요

학습목표

주어진 수의 범위에서 짝수인지 홀수인지를 구별하여 짝수의 합, 홀수의 합을 각각 계산해 봅시다. 1부터 입력 받은 수까지의 범위에서 짝수와 홀수를 구분하고 조건에 따라 짝수의 합 또는 홀수의 합을 출력해 봅시다.

지금부터 짝수와 홀수의 합을 구하는 프로젝트를 만들어 봅시다.

무엇을 만들까?

프로젝트 설명하기

다음 과정 안내하기

수의 범위 정하기

조건 입력하기

짝수의 합 말하기

홀수의 합 말하기

무엇을 배울까?

STEP ❶ 변수 정하기

STEP ❷ 짝수와 홀수의 합 구하기

STEP ❸ 짝수 또는 홀수의 합 말하기

○STEP ❶ 변수 정하기

주어진 범위에서 짝수와 홀수를 구분하여 짝수의 합, 홀수의 합을 각각 구하는 프로젝트에서 사용되는 변수는 3개입니다.

- '수' 변수 : 1부터 시작하여 입력 받은 수까지 1씩 증가하는 변수로, 1부터 마지막 수까지 저장

수' 변수에 저장된 값을 2로 나누어 나머지가 0이면 짝수, 1이면 홀수로 구분됩니다.

- '짝수 합' 변수 : 2로 나누어 나머지가 0인 수들의 합을 저장
- '홀수 합' 변수 : 2로 나누어 나머지가 1인 수들의 합을 저장

01 준비파일을 엽니다. 고양이 스프라이트를 통해 프로젝트에 대한 설명을 하기 위해 다음과 같이 ![플릭했을 때] 와 ![안녕! 을(를) 2 초 동안 말하기] 를 연결한 후, "수를 입력하면 1부터 입력한 수까지", "짝수와 홀수의 합을 구합니다.", "Start!를 클릭하세요."를 각각 입력합니다.

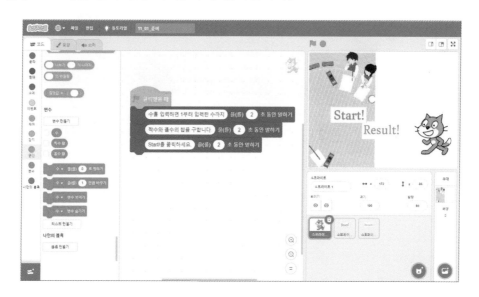

▲ 준비파일: 11_01_준비

02 프로젝트에서 필요한 변수를 만들어 봅시다.

[변수]에서  를 클릭합니다. [새로운 변수] 창에서 변수 '수', '짝수 합', '홀수 합'을 차례로 만듭니다.

▲ '수' 변수 만들기

▲ '짝수 합' 변수 만들기

▲ '홀수 합' 변수 만들기

03 다음과 같이 3개의 변수가 만들어졌습니다.

> **TIP**
>
> 프로젝트 작업 중에는 변수 값의 변화를 확인하기 위해 변수를 '보이기' 상태로 둡니다. 프로젝트 마지막 단계에서 체크를 해제하여 무대에서 변수가 보이지 않도록 합니다.

04 [변수]의 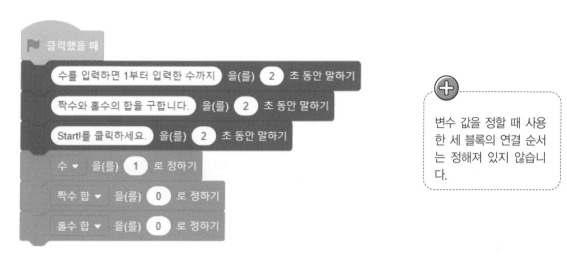 를 추가하여 변수의 값을 각각 설정합니다. '수' 변수는 1부터 시작하므로 1로 정하고, 다른 두 변수는 합이 구해지지 않은 상태이므로 0으로 정합니다.

변수 값을 정할 때 사용한 세 블록의 연결 순서는 정해져 있지 않습니다.

05 실행 결과, 무대에서 고양이 스프라이트가 2초 간격으로 프로젝트에 대하여 설명합니다.

○STEP ❷ 짝수와 홀수의 합 구하기 »

정해진 범위 안에서 짝수와 홀수의 합을 구하기 위해서는 수의 범위를 정할 마지막 수를 입력 받아야 합니다. 그리고 이 범위 안의 수들을 모두 2로 나누어 짝수와 홀수를 판별합니다.

01 Start 스프라이트를 선택한 후, `이 스프라이트를 클릭했을 때` 를 사용하여 코드가 실행되도록 합니다. `What's your name? 라고 묻고 기다리기` 를 사용해 마지막 수를 입력 받도록 합시다.

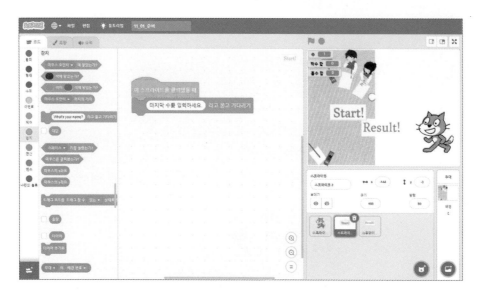

02 짝수와 홀수로 구분하고 각각의 합을 구하는 과정을 입력 받은 수만큼 반복해야 합니다. 그러기 위해 [제어]의 ⟨10 번 반복하기⟩와 [감지]의 ⟨대답⟩을 연결합니다.

예를 들어 숫자 20이 입력되면 ⟨10 번 반복하기⟩아래의 코드는 20번 반복됩니다.

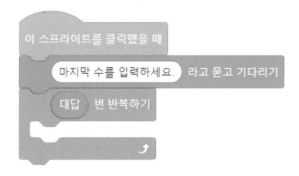

03 나누어지는 수가 짝수인지 홀수인지를 구분해야 하므로 [제어]의 ⟨만약 ◆ (이)라면 ~ 아니면⟩과 [연산]의 ⟨○ = ○⟩와 ⟨○ 나누기 ○ 의 나머지⟩를 연결합니다. 조건으로 '수' 변수의 값을 2로 나누어서 나머지가 0인 경우와 아닌 경우가 제시됩니다.

![코드 블록: 이 스프라이트를 클릭했을 때 / 마지막 수를 입력하세요. 라고 묻고 기다리기 / 대답 번 반복하기 / 만약 수 나누기 2 의 나머지 = 0 (이)라면 / 아니면]

04 범위 안에 있는 수들이 짝수와 홀수로 구분되어, 짝수의 합과 홀수의 합을 각각 구하는 연산을 하도록 코드를 만들어 봅시다.

[변수]의 짝수 합▼ 을(를) 0 로 정하기 , 수 , 짝수 합 , 홀수 합 과 [연산]의 ○+○를 사용해, 다음과 같이 조건에 따라 각각 다른 연산을 할 수 있도록 합니다.

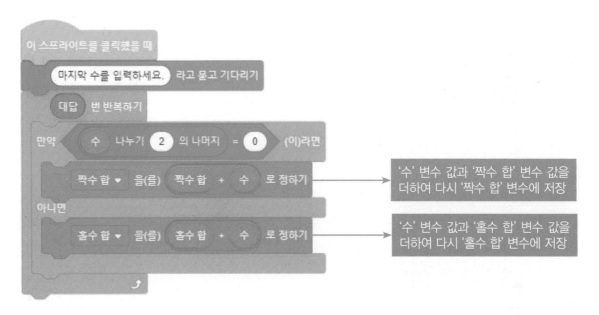

05 다음 수를 연산하기 위해서 '수' 변수를 1만큼 증가시켜야 합니다. 코드에 [변수]의 수▼ 을(를) ① 만큼 바꾸기 를 다음과 같이 추가합니다.

06 Result 스프라이트가 신호를 받아 짝수의 합 또는 홀수의 합을 말하도록 [이벤트]의  메시지1 ▼ 신호 보내기 를 추가합니다. 이때, 새로운 메시지 이름을 "결과"로 정하고 사용합니다.

```
이 스프라이트를 클릭했을 때
  마지막 수를 입력하세요. 라고 묻고 기다리기
  대답 번 반복하기
    만약  수 나누기 2 의 나머지 = 0  (이)라면
      짝수 합 ▼ 을(를)  짝수 합 + 수  로 정하기
    아니면
      홀수 합 ▼ 을(를)  홀수 합 + 수  로 정하기
    수 ▼ 을(를) 1 만큼 바꾸기
  결과 ▼ 신호 보내기
```

Result 스프라이트는 1을 입력 받으면 짝수의 합을, 2을 입력 받으면 홀수의 합을 알려줍니다.

01 Result 스프라이트를 선택합니다. Start 스프라이트의 '결과' 신호를 받으면 이 스프라이트가 실행되도록 하기 위해 `결과 ▾ 신호를 받았을 때` ('결과'를 선택)를 사용합니다. 그 다음, `What's your name? 라고 묻고 기다리기` 를 연결하고 "짝수의 합을 알고 싶다면 '1', 홀수의 합을 알고 싶다면 '2'"를 입력합니다. 이때, 코드의 실행 횟수는 `무한 반복하기` 를 사용해 정하도록 합니다.

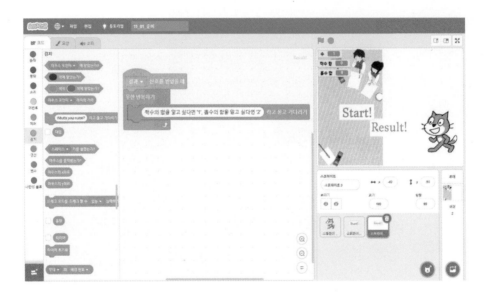

02 대답이 1일 때 실행과 2일 때 실행이 다르므로 코드에 `만약 (이)라면 ~ 아니면` 을 추가합니다. 그 다음, `대답 = 1` 을 연결합니다. `apple 와(과) banana 결합하기` 에 `짝수 합` 을 연결하여 `짝수의 합 = 와(과) 짝수 합 결합하기` 를 완성합니다. 이를 다시 `안녕! 을(를) 2 초 동안 말하기` 에 연결하여 다음과 같이 추가합니다.

```
만약 < 대답 = 1 > (이)라면
    짝수의 합 = 와(과) 짝수 합 결합하기 을(를) 2 초 동안 말하기
아니면
```

03 대답이 2일 때 홀수의 합을 알려 주도록 `만약 (이)라면` 을 사용합니다. 그 다음, `대답 = 2` 을 연결합니다. `apple 와(과) banana 결합하기` 에 `홀수 합` 을 연결하여 `홀수의 합 = 와(과) 홀수 합 결합하기` 를 완성합니다.

```
만약 < 대답 = 2 > (이)라면
    홀수의 합 = 와(과) 홀수 합 결합하기 을(를) 2 초 동안 말하기
```

04 02와 03에서 완성한 두 블록을 연결하여 다음과 같이 완성해 봅시다. 스프라이트는 대답이 '1'일 때 짝수의 합을 2초 동안 말하고 대답이 '2'일 때 홀수의 합을 2초 동안 말합니다. 만약, '1'이나 '2' 이외의 수를 입력하면 말하기 없이 묻고 기다리기로 돌아갑니다.

```
만약 < 대답 = 1 > (이)라면
    짝수의 합 = 와(과) 짝수 합 결합하기 을(를) 2 초 동안 말하기
아니면
    만약 < 대답 = 2 > (이)라면
        홀수의 합 = 와(과) 홀수 합 결합하기 을(를) 2 초 동안 말하기
```

05 완성된 Result 스프라이트의 코드는 다음과 같습니다.

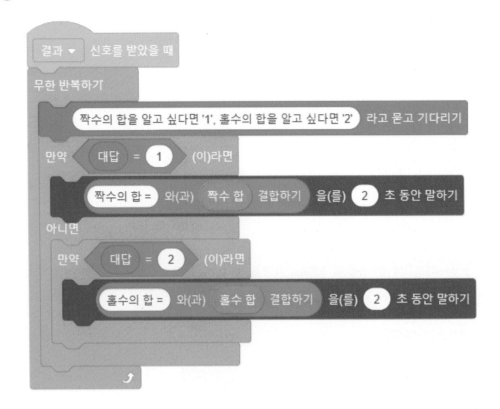

▲ 완성파일: 11_01_완성

06 실행 결과입니다. [Start!]를 클릭하면, 마지막 수를 입력 받기 위한 창이 나타납니다. 예를 들어 100을 입력하면 1부터 1씩 증가하여 100까지 연산을 반복하게 됩니다.

07 1부터 차례로 2로 나누어 나머지가 0이면 '짝수 합' 변수에 저장됩니다. 1부터 차례로 2로 나누어 나머지가 1이면(즉, 0이 아닌 경우) '홀수 합' 변수에 저장됩니다. 100까지 계산이 완료되면(100번 반복하기가 완료되면) '결과' 신호를 보냅니다.

08 [Result!]에서 1 또는 2를 입력 받기 위한 창이 나타납니다.

09 1을 입력하면 짝수의 합이 나타납니다. 2를 입력하면 홀수의 합이 나타납니다.

▲ 짝수의 합 결과

▲ 홀수의 합 결과

01 고양이가 제시한 수에 입력한 수만큼 덧셈(+) 또는 뺄셈(−)하는 프로젝트를 완성해 보세요.

▲ 준비파일: 기초_11_01_준비 / 완성파일: 기초_11_01_완성

• '결과 값' 변수 만들기

조건 **고양이 스프라이트**
• 실행할 때, 프로젝트 소개하기
• 처음 '결과 값'을 1~100 사이의 난수로 정하기
• "제시된 수는"과 '결과 값' 변수에 저장된 값 그리고 "입니다"를 순서대로 결합하여 말하기

덧셈 기호 스프라이트
• 스프라이트를 클릭했을 때 실행하기
• "더할 수는?" 묻고 기다리기
• '결과 값'에 저장된 숫자와 '대답'에 저장된 숫자를 더한 후, 다시 '결과 값' 변수에 저장하기
• "덧셈 결과" 신호 보내기

뺄셈 기호 스프라이트
• 스프라이트를 클릭했을 때 실행하기
• "뺄 수는?" 묻고 기다리기
• '결과 값'에 저장된 숫자와 '대답'에 저장된 숫자를 뺀 후, 다시 '결과 값' 변수에 저장하기
• "뺄셈 결과" 신호 보내기

사람 스프라이트
• "덧셈 결과" 신호를 받았을 때 실행하기
• "덧셈 결과는"과 '결과 값' 변수에 저장된 값을 결합하여 말하기
• "뺄셈 결과" 신호를 받았을 때 실행하기
• "뺄셈 결과는"과 '결과 값' 변수에 저장된 값을 결합하여 말하기

01 입력한 소수를 반올림하여 정수로 계산하는 프로젝트를 완성해 보세요.

▲ 준비파일: 심화_11_01_준비 / 완성파일: 심화_11_01_완성

조건

상어 스프라이트
- 실행할 때, x: −143, y: −60으로 이동하기
- 모양을 'shark−a'로 바꾸기
- 4초 기다리기
- 모양을 'shark−b'로 바꾸기
- "공룡아! 소수를 반올림하여 정수로 알려주겠니?"를 말하기
- 모양을 'shark−a'로 바꾸기
- 1초 기다리기
- "반올림할 소수를 입력해 주세요." 묻고 기다리기
- 모양을 'shark−b'로 바꾸기
- '대답'에 저장된 소수를 말하기
- "대답" 신호 보내기
- "정답" 신호를 받았을 때 실행하기
- 모양을 'shark−c'로 바꾸기
- "아해! 그렇구나"를 말하기
- "종료" 신호 보내기

공룡 스프라이트
- 실행할 때, 모양을 'dinosaur1−a'로 바꾸기
- x: 318, y: −21로 이동하기
- 2초 동안 x: 139, y: −21로 이동하기
- 모양을 'dinosaur1−e'로 바꾸기
- "안녕! 상어야"를 말하기
- "대답" 신호를 받았을 때 실행하기
- 모양을 'dinosaur1−c'로 바꾸기
- '대답'에 저장된 숫자를 반올림한 결과를 말하기
- "정답" 신호 보내기
- "종료" 신호를 받았을 때 실행하기
- 모양을 'dinosaur1−e'로 바꾸기
- "그럼 안녕!"을 말하기
- 2초 동안 x: −300, y: −21로 이동하기

바닷속 헤엄치기 대회를 즐겨요

스크래치 화면은 모눈종이와 같습니다. 스프라이트의 움직임은 좌표의 위치를 지정하여 이동할 수 있습니다. 이번 시간에는 X축이나 Y축의 좌표를 활용하여 물고기들이 바닷속에서 헤엄치기 대회를 하여 등수를 매기는 프로젝트를 만들어 봅시다. 또한 상황에 적합한 배경을 위해 그래픽 효과를 지정하는 방법도 알아봅시다.

무엇을 만들까?

모자이크 효과

소용돌이 효과

경주 시작하기

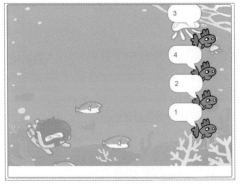

등수 표시하기

무엇을 배울까?

STEP ❶ 그래픽 효과 지정하기   **STEP ❸** 등수 말하기

STEP ❷ 좌표로 자유롭게 이동하기

○STEP ❶ 그래픽 효과 지정하기

　[형태]에는 배경을 바꾸거나 배경에 다양한 효과를 지정할 수 있는 블록들이 있습니다. 이 블록들을 활용하여 하나의 배경에서 다양한 효과를 주어 화면을 다양한 움직임이 있는 화면으로 만들어 봅시다.

01 준비파일을 열고 고양이 스프라이트를 선택한 후, 클릭했을 때 를 코드 영역으로 드래그합니다. x: 0 y: 0 (으)로 이동하기 로 처음 위치를 지정하고, 이어서 안녕! 을(를) 2 초 동안 말하기 를 3블록 연결하여 다음과 같은 내용을 입력합니다. 이때, 보이기 와 숨기기 를 추가하여 고양이 스프라이트가 프로젝트 설명을 하고 사라지도록 합니다.

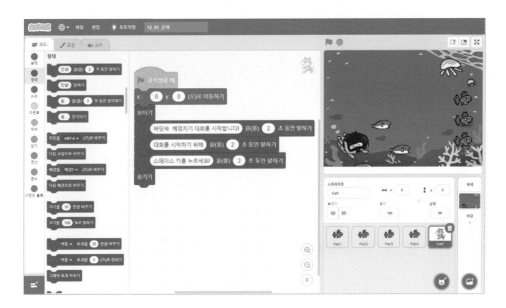

▲ 준비파일: 12_01_준비

185

02 대회를 마치고 물고기 스프라이트들이 자신의 등수를 말하기 위해선 변수가 필요합니다. [변수]에서 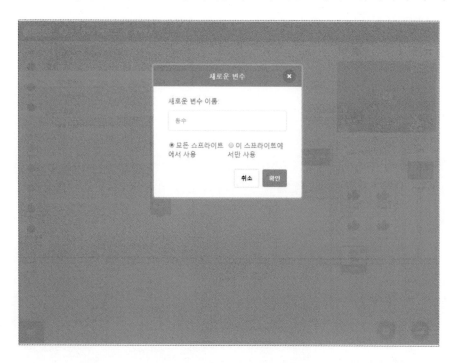 변수 만들기 를 선택한 후, 변수 '등수'를 만듭니다. 이 변수에는 1에서 4까지의 수가 기록됩니다.

03 이 프로젝트는 2단계로 실행됩니다. 고양이 스프라이트는 깃발을 클릭했을 때와 스페이스 키를 눌렀을 때 실행됩니다.

스페이스 키를 눌렀을 때 실행이 되도록 [스페이스 ▼ 키를 눌렀을 때] 와 [등수 ▼ 을(를) 1 로 정하기] 를 사용하여 다음과 같이 연결합니다.

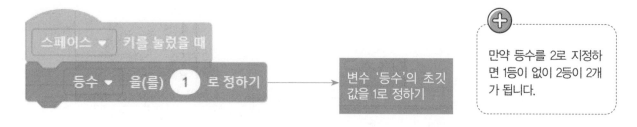

변수 '등수'의 초깃값을 1로 정하기

➕ 만약 등수를 2로 지정하면 1등이 없이 2등이 2개가 됩니다.

04 다음과 같이 고양이 스프라이트의 코드가 완성되었습니다.

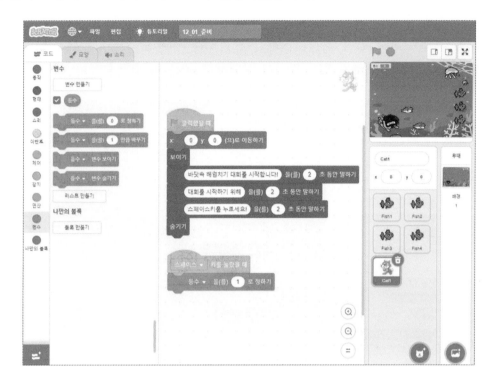

05 무대에 다양한 효과를 지정하여 움직이는 배경을 만들어 봅시다. 바닷속 배경에서 모자이크 효과와 소용돌이 효과가 차례로 나타나게 만들어 봅시다. 무대를 선택한 후, [클릭했을 때]와 [1초 기다리기], [형태]의 [색깔▼ 효과를 0 (으)로 정하기]를 사용해 다음과 같이 연결해 봅시다. 이때, 모자이크 효과를 선택하고 10을 입력합니다. 소용돌이 효과는 1000을 입력합니다.

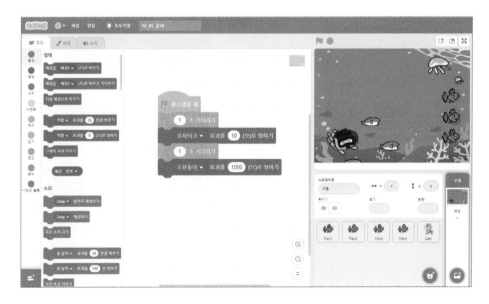

06 **03**에서 언급됐듯이 이 프로젝트는 2단계로 나눠져 있습니다. 2번째 단계를 실행하기 위해 이전과 마찬가지로 무대에서도 [스페이스▾ 키를 눌렀을 때]를 사용합니다. 그 다음 1단계에서 추가된 그래픽 효과를 지우고, 새로운 그래픽 효과를 지정하기 위해 [형태]의 [그래픽 효과 지우기]를 연결합니다. 새로운 그래픽 효과를 위해 [색깔▾ 효과를 0 (으)로 정하기]를 추가해, 투명도를 선택하고 50을 입력합니다.

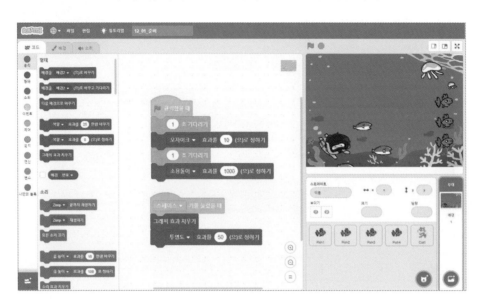

07 적용된 그래픽 효과는 다음과 같습니다. 코드가 실행되면 모자이크 효과로 화면이 4등분됩니다.

▲ 그래픽 효과 없음

▲ 모자이크 효과 10

08 4등분으로 모자이크된 화면은 소용돌이 효과로 오른쪽 방향으로 회전합니다. 스페이스 키를 누르면 이전 그래픽 효과는 사라지고 투명도 효과가 나타납니다.

▲ 소용돌이 효과 1000

▲ 투명도 효과 50

색깔 효과

색깔 효과는 입력 값에 따라 화면의 색을 변화시킵니다. 입력 값이 200 이상이면 기본 색으로 돌아갑니다.

▲ 입력 값: 10　　　　　▲ 입력 값: 50　　　　　▲ 입력 값: 100　　　　　▲ 입력 값: 150

어안렌즈 효과

어안렌즈 효과는 화면이 볼록 렌즈로 통해 보는 것처럼 표현하는 효과입니다. 입력 값이 커질수록 가운데 부분이 가장자리보다 두꺼워지며 볼록하게 보입니다.

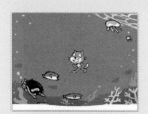  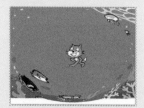 

▲ 입력 값: 50　　　　　▲ 입력 값: 100　　　　　▲ 입력 값: 200　　　　　▲ 입력 값: 500

소용돌이 효과

소용돌이 효과는 화면을 오른쪽 방향으로 회전하여 왜곡되게 만듭니다. 입력 값이 커질수록 화면의 왜곡 현상은 더 많이 나타납니다.

  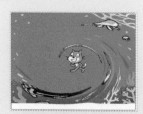 

▲ 입력 값: 50　　　　　▲ 입력 값: 100　　　　　▲ 입력 값: 500　　　　　▲ 입력 값: 2000

픽셀화 효과

픽셀화 효과는 각각의 픽셀들을 보이게 하는 효과입니다. 입력 값이 커질수록 픽셀의 크기도 더 커집니다.

▲ 입력 값: 10

▲ 입력 값: 100

▲ 입력 값: 200

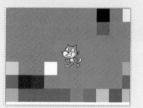
▲ 입력 값: 500

모자이크 효과

모자이크 효과는 화면을 분할합니다. 화면을 분할하기 위한 값은 5부터 시작합니다. 1부터 4까지 입력 값을 넣었을 경우 화면 분할이 되지 않습니다.

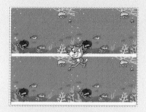
▲ 입력 값: 5~14

▲ 입력 값: 15~24

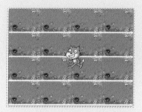
▲ 입력 값: 25~34

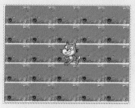
▲ 입력 값: 35~44

밝기 효과

밝기 효과는 입력 값에 따라 화면의 밝기를 조절하는 효과입니다. 입력 값이 100에 가까워질수록 화면이 밝게 변합니다.

▲ 입력 값: 30

▲ 입력 값: 50

▲ 입력 값: 70

▲ 입력 값: 90

투명도 효과

투명도 효과는 화면을 투명하게 만듭니다. 입력 값이 100에 가까워질수록 화면이 투명하게 됩니다.

▲ 입력 값: 30

▲ 입력 값: 50

▲ 입력 값: 70

▲ 입력 값: 90

이 프로젝트에서는 4마리의 물고기가 헤엄치기 대회를 합니다. 물고기의 이름은 각각 'Fish1', 'Fish2', 'Fish3', 'Fish4'입니다. 바닷속 헤엄치기 대회는 스페이스 키를 누르면 시작됩니다. 경주가 시작되면 4마리의 물고기들은 각자의 위치로 이동하고 'Fish1'부터 순서대로 말하기를 한 후, 동시에 출발합니다. 다음 표를 참고하여 4마리의 물고기 스프라이트의 코드를 완성해 봅시다.

스프라이트	Fish1	Fish2	Fish3	Fish4
코드 내용	• 말하기 1초 • 기다리기 3초	• 기다리기 1초 • 말하기 1초 • 기다리기 2초	• 기다리기 2초 • 말하기 1초 • 기다리기 1초	• 기다리기 3초 • 말하기 1초

01 'Fish1' 스프라이트는 고양이 스프라이트가 무대에 등장하는 동안 보이지 않도록 `숨기기`를 사용합니다. 무대에 비해 스프라이트 크기가 크므로 `크기를 100%로 정하기`를 사용하여 크기를 40%로 줄이고, `x: 0 y: 0 (으)로 이동하기`를 사용하여 x: −170, y: 100으로 입력합니다.

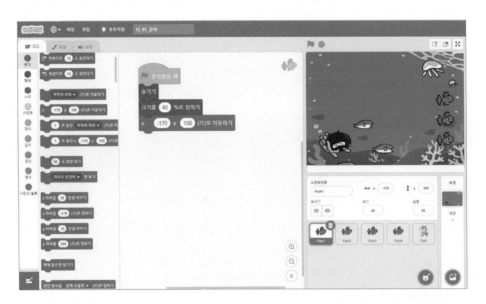

02 STEP **❶**과 마찬가지로 스페이스 키를 누르면 실행되면서 'Fish1'가 등장하고 말하기 위해 ▨▨▨, ▨▨를 사용합니다. 그리고 ▨▨▨▨▨에 "친구들, 달려볼까?"를 입력하고 1초로 설정합니다. ▨▨▨▨▨를 추가하고 3초로 설정합니다. 이때, 3초로 설정하는 이유는 다른 물고기들이 말할 동안 기다리기 위함입니다.

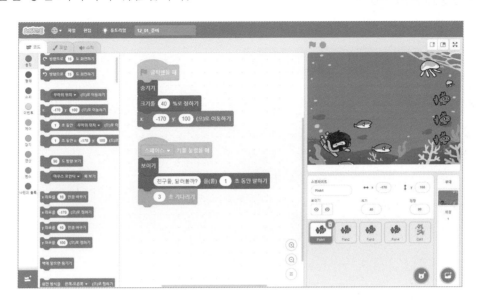

03 각 물고기들이 계속해서 앞으로 이동해야 합니다. 이때, y좌표는 변하지 않고 x좌표에 변화를 주어 앞으로 나아가도록 합니다. 그러기 위해 'Fish1'에 ▨▨▨▨▨를 사용하여 조건을 만족할 때까지 반복하여 이동하도록 합니다. ▨▨▨과 ▨▨를 추가하여 x좌표가 180보다 클 때까지 이동하게 합니다.

04 이번에는 'Fish1'이 이동할 때 속도를 조절해 봅시다. 10 만큼 움직이기 와 1 부터 10 사이의 난수 를 다음과 같이 연결한 후, 0과 3을 입력합니다. Zooq · 재생하기 를 사용하여 이동할 때 소리를 재생합니다.

```
스페이스 ▼ 키를 눌렀을 때

보이기

친구들, 달려볼까? 을(를) 1 초 동안 말하기

3 초 기다리기

x 좌표 > 180 까지 반복하기

    0 부터 3 사이의 난수 만큼 움직이기

    Zoop ▼ 재생하기
```

05 'Fish1'의 x좌표 값이 180을 넘으면 반복은 중지되고 'Fish1'은 등수를 말합니다. 그러기 위해 먼저, 메시지1 ▼ 신호 보내기 를 추가합니다. 이때, 새로운 메시지 이름을 "등수확인1"로 입력합니다.

```
스페이스 ▼ 키를 눌렀을 때

보이기

친구들, 달려볼까? 을(를) 1 초 동안 말하기

3 초 기다리기

x 좌표 > 180 까지 반복하기

    0 부터 3 사이의 난수 만큼 움직이기

    Zoop ▼ 재생하기

등수확인1 ▼ 신호 보내기
```

06 다음과 같이 'Fish1' 스프라이트의 코드가 완성되었습니다.

07 현재까지 완성된 코드의 실행 결과는 다음과 같습니다. 'Fish1' 스프라이트를 제외한 나머지 스프라이트는 잠깐 숨기고 실행합니다.

01 결승선 도착과 동시에 물고기들이 각자의 등수를 말할 수 있도록 코드를 만들어 봅시다. 먼저, 'Fish1'가 등수를 말하도록 코드를 완성해 봅시다. 등수확인1▼ 신호를 받았을 때 ('등수확인1'을 선택)를 사용합니다. 그 다음 등수 와 안녕! 말하기 를 연결하여 추가합니다. 등수▼ 을(를) 1 만큼 바꾸기 를 사용하여 다음 등수를 정하기 위해 등수를 1만큼 증가시킵니다. 1 초 기다리기 를 사용합니다. 이때, 시간값을 '2'로 변경합니다. 멈추기 모두▼ 를 추가하여 모든 코드를 멈춥니다.

02 드디어 'Fish1' 스프라이트의 코드가 다음과 같이 완성되었습니다. 'Fish1'이 도착하면 등수가 표시됩니다.

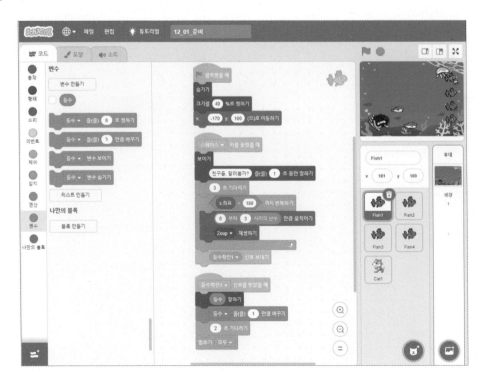

03 자! 이제 다른 물고기 코드도 만들어 볼까요?

'Fish1' 스프라이트와 마찬가지로 무대에서 함께 대결을 벌일 'Fish2', 'Fish3', 'Fish4' 스프라이트도 같은 블록을 사용합니다. 다만, 입력 내용을 조금씩 달리하여 내용을 풍성하게 만들어 봅시다. 다음 표를 바탕으로 각 스프라이트의 코드를 변경해 봅시다.

스프라이트	Fish1	Fish2	Fish3	Fish4
시작 위치	• x: −170 • y: 100	• x: −170 • y: 40	• x: −170 • y: −20	• x: −170 • y: −80
코드 내용	• 말하기 1초 • 기다리기 3초	• 기다리기 1초 • 말하기 1초 • 기다리기 2초	• 기다리기 2초 • 말하기 1초 • 기다리기 1초	• 기다리기 3초 • 말하기 1초

04 각 물고기 스프라이트의 코드를 완성해 봅시다.

• 'Fish2' 스프라이트의 코드

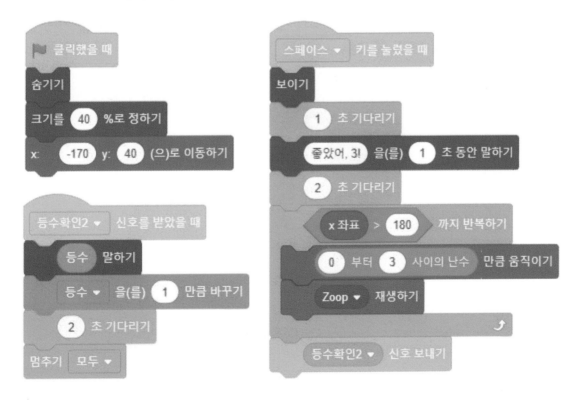

• 'Fish3' 스프라이트의 코드

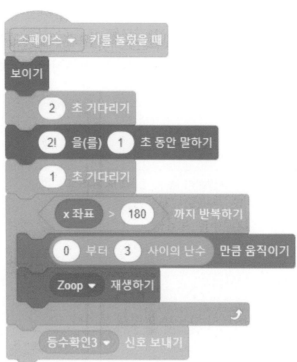

• 'Fish4' 스프라이트의 코드

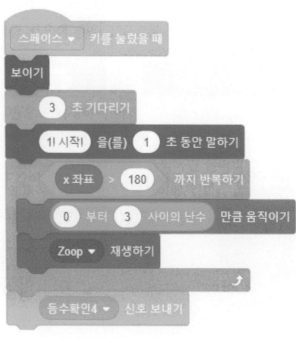

▲ 완성파일: 12_01_완성

05 완성된 코드의 실행 결과를 확인해 봅시다.

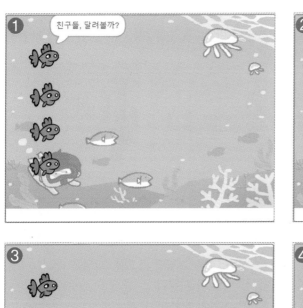

06 난수를 사용하였기 때문에 물고기들은 불규칙한 속도로 이동합니다.
물고기들은 물고기의 x좌표가 180보다 크면 이동을 멈추고 등수를 말합니다. 그리고 모든 스프라이트가 멈추면 처음 화면으로 돌아갑니다.

01 배경에 그래픽 효과를 지정해 프로젝트를 완성해 보세요.

▲ 완성파일: 기초_12_01_완성

조건
- 색깔 효과 '50' 지정하고 0.5초 기다리기
- 어안 렌즈 효과 '100' 지정하고 0.5초 기다리기
- 픽셀화 효과 '100' 지정하고 0.5초 기다리기

- 다른 그래픽 효과를 지정할 때마다 이전 그래픽 효과 지우기
- 무한 반복하기

02 문제 **01**을 응용해 자유롭게 이동하는 박쥐 스프라이트를 추가한 프로젝트를 완성해 보세요.

▲ 완성파일: 기초_12_02_완성

조건 **박쥐 스프라이트**
- 크기를 80%로 정하기
- "모양 변형" 신호를 보내기
- 무대 전체(x: −200~200, y: −150~150)를 이동하기(단, 난수 이용하기)

- "모양 변형" 신호를 받았을 때 실행하기
- 모양 바꾸기를 무한 반복하기
- 모양 바꾼 후 0.5초 기다리기

01 비행 대회 프로젝트를 완성해 보세요.

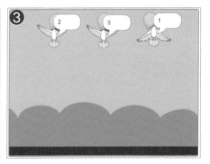

▲ 준비파일: 심화_12_01_준비 / 완성파일: 심화_12_01_완성

조건
- '등수' 변수 만들기

고양이 스프라이트
- 실행할 때, x: −6, y: −50으로 이동하기
- 'Meow' 소리 재생하기
- 실행할 때, 보였다가 말하기를 마친 후 숨기기
- "오늘은", "비행 대회가 열렸어요!", "대회를 시작하려면", "스페이스 키를 누르세요!"를 순서대로 말하기
- 스페이스 키를 눌렀을 때 실행하기
- 변수 '등수'의 초깃값을 1로 정하기

Dove1 스프라이트
- 실행할 때, 숨기기
- 크기를 50%로 정하기
- x: −128, y: −116으로 이동하기
- 스페이스 키를 눌렀을 때 보이기
- 1초 기다리기
- y좌표가 112보다 클 때까지 모양 바꾸고 0.05초 기다리기를 반복하기(단, 난수 이용하기)

- 'Bird' 소리 재생하기
- "등수확인1" 신호를 보내기
- "등수확인1"신호를 받았을 때 실행하기
- '등수' 변수 말하기
- '등수' 변수를 1만큼 바꾸기
- 2초 기다리기
- 코드를 모두 멈추기

Dove2 스프라이트
- Dove1 스프라이트의 코드를 복사 · 응용
- x: 0, y: −116으로 이동하기
- "등수확인2" 신호 보내기
- "등수확인2" 신호를 받았을 때 실행하기

Dove3 스프라이트
- Dove1 스프라이트의 코드를 복사 · 응용
- x: 128, y: −116으로 이동하기
- "등수확인3" 신호 보내기
- "등수확인3" 신호를 받았을 때 실행하기

토끼와 거북이 스토리텔링해요

Chapter 13

 학습목표

스크래치로 우리에게 친숙한 동화를 스토리텔링하는 프로젝트를 만들어 봅시다. 먼저 스토리텔링이란 스토리(Story) + 텔링(Telling)의 합성어로 '이야기하다'라는 의미입니다.

우리는 '토끼와 거북이' 이야기를 스토리텔링하는 프로젝트를 완성해 볼 것입니다. 다양한 캐릭터(스크래치에서는 스프라이트)를 등장시켜 캐릭터 간 상호작용을 통해 이야기를 전개할 수 있습니다.

무엇을 만들까?

'토끼와 거북이' 스토리텔링

무엇을 배울까?

STEP ❶ 사회자 스프라이트   **STEP ❸** 토끼 스프라이트

STEP ❷ 시작과 종료, 배경 스프라이트   **STEP ❹** 거북이 스프라이트

○이야기 미리보기
`----------------------------»`

우리는 우리가 잘 알고 있는 '토끼와 거북이' 이야기를 활용해 스토리텔링하는 프로젝트를 만들어 봅시다. 본격적으로 프로젝트를 만들기에 앞서 이야기의 주인공들인 토끼와 거북이가 어떤 대화를 주고받으며 이야기 전개되는지 살펴볼까요?

S# 1 토끼와 거북이의 만남
옛날 옛날, 토끼와 거북이가 살고 있었습니다.
어느 날, 토끼가 거북이에게 말했습니다.

> 토끼: 안녕, 느림보 거북아~ 나랑 달리기 시합하지 않을래?

> 거북이: 뭐! 내가 느림보라고? 좋아, 나랑 달리기 시합하자!

토끼와 거북이는 달리기 시합을 하기로 결정했습니다.

> 토끼: 3, 2, 1 하면 출발하는 거야!

S# 2 토끼와 거북이의 대결
거북이는 열심히 달렸습니다. 하지만 빠르게 뛰는 토끼를 따라잡을 수 없었습니다.

> 토끼: 음, 거북이는 저 뒤에 있네. 한숨 자고 가야겠다.

토끼는 느림보 거북이라 비웃으며, 잠을 청했습니다.
시간이 흐른 뒤, 토끼가 잠든 곳까지 거북이가 도착했습니다.

> 거북이: 어! 토끼가 자고 있잖아. 그럼, 힘내서 먼저 가야겠다!

거북이는 토끼를 지나쳐 결승 지점까지 부지런히 달렸습니다.
그 결과, 거북이는 토끼와의 달리기에서 이겼습니다.

> 거북이: 우와 내가 이겼어!

이야기의 주인공인 토끼와 거북이 외에 이야기를 잘 전달해 줄 '사회자'를 추가해 봅시다.

그리고 [이벤트]의 `메시지1▼ 신호 보내기`와 `메시지1▼ 신호를 받았을 때`를 사용하여 사회자, 토끼, 거북이 3개의 스프라이트가 상호작용을 하며 이야기를 전개할 수 있도록 코드를 만들려고 합니다. 스프라이트 사이에서 신호를 주고받는 관계를 그림으로 나타내면 다음과 같습니다.

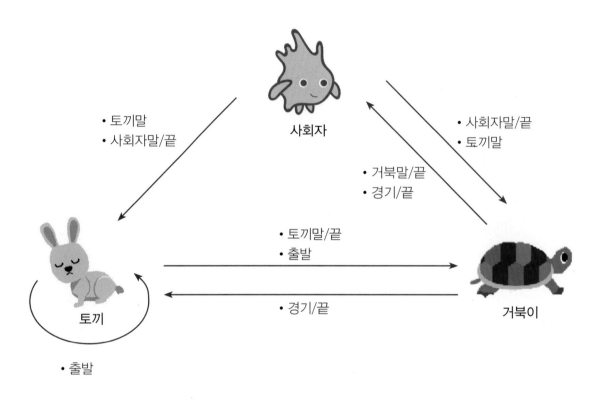

스프라이트의 관계를 정리한 표입니다. 스프라이트 간 신호 보내기와 신호 받기가 어떻게 구성되는지 이해해 봅시다.

	사회자	토끼	거북
신호 보내기	• 토끼말 • 사회자말/끝	• 토끼말/끝 • 출발	• 거북말/끝 • 경기/끝
신호 받기	• 거북말/끝 • 경기/끝	• 토끼말 • 사회자말/끝 • 출발 • 경기/끝	• 토끼말 • 사회자말/끝 • 토끼말/끝 • 출발

○ STEP ❶ 사회자 스프라이트

사회자 스프라이트는 이야기를 전개하고, 현재 상황을 알려줍니다.

01 준비파일을 연 후, 사회자 스프라이트를 선택합니다.
스토리텔링의 시작을 위해 [안녕! 을(를) 2 초 동안 말하기]를 다음과 같이 연결하고 내용을 입력합니다.

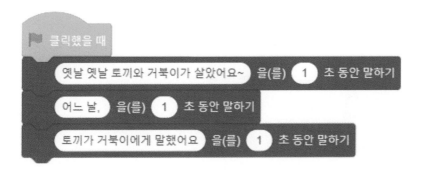

▲ 준비파일: 13_01_준비

02 스토리텔링을 더 재밌게 하기 위해 사회자가 등장할 때 효과음을 넣어봅시다.
그러기 위해서 [보이기]와 [Fairydust ▾ 재생하기]를 추가합니다.

03 사회자의 첫 번째 스토리텔링이 끝난 후, 신호 보내기를 통해 다음 이야기가 이어질 수 있도록 〔메시지1▾ 신호 보내기〕를 추가합니다. 이때, 새로운 메시지 이름을 "토끼말"로 하여 토끼의 스토리텔링이 이어질 것임을 암시합니다.

04 '토끼말' 신호 보내기로 이어진 토끼와 거북이의 스토리텔링이 전개된 후, 사회자의 두 번째 스토리텔링을 시작합니다. 그러기 위해 〔메시지1▾ 신호를 받았을 때〕(이때, 새로운 메시지 이름은 "거북말/끝")와 〔안녕! 을(를) ② 초 동안 말하기〕(이때, 입력 내용은 "토끼와 거북이는 달리기 시합을 하기로 결정했습니다")를 사용합니다. 마지막으로 〔숨기기〕를 사용하여 사회자가 무대에서 보이지 않도록 하고 〔메시지1▾ 신호 보내기〕(이때, 새로운 메시지 이름은 "사회자말/끝")를 추가합니다.

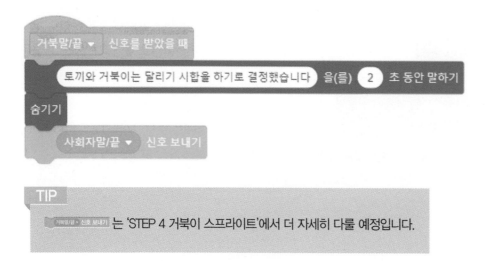

TIP
〔거북말/끝▾ 신호 보내기〕는 'STEP 4 거북이 스프라이트'에서 더 자세히 다룰 예정입니다.

05 '사회자말/끝' 신호 보내기로 이어진 토끼와 거북이의 스토리텔링이 전개된 후, 사회자의 마지막 스토리텔링을 시작합니다. 그러기 위해 〔메시지1▾ 신호를 받았을 때〕(이때, 새로운 메시지 이름은 "경기/끝")를 사용합니다. 다시 사회자가 무대에 등장하도록 〔보이기〕를 추가합니다. 〔1 초 기다리기〕와 〔Fairydust▾ 재생하기〕를 추가하여 등장할 때와 마찬가지로 효과음을 넣어봅시다. 〔안녕! 을(를) 2 초 동안 말하기〕를 추가해 다음과 같은 내용을 입력합니다.

06 다음과 같이 사회자 스프라이트의 코드가 완성되었습니다. 코드는 되도록 이야기의 흐름에 맞추어 정리하는 것이 좋습니다.

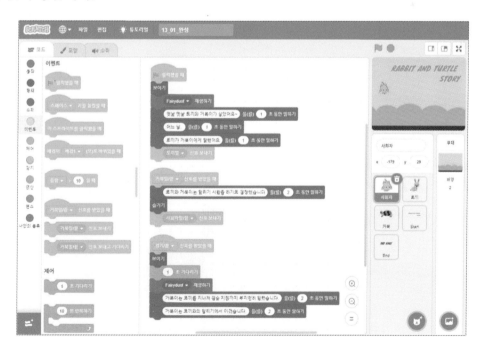

○ STEP ❷ 시작과 종료, 배경 스프라이트

주인공 외에도 스토리텔링에 필요한 몇 가지 요소(스프라이트)들이 있습니다. 이야기가 좀 더 생생하게 전달될 수 있도록 이 요소들을 설정해 봅시다. 시작 화면과 종료 화면에 보이는 텍스트 형태의 스프라이트와 배경의 코드를 만들어 봅시다.

01 Start 스프라이트를 사용하여 스토리텔링의 시작을 알려 봅시다. 이 프로젝트 시작과 동시에 나타났다가 달리기 이야기가 끝나면 사라지도록 합시다. ('경기/끝'을 선택)를 사용하여 다음과 같이 완성해 봅시다.

▲ Start 스프라이트

02 End 스프라이트를 사용하여 스토리텔링의 끝을 알려 봅시다. 이 프로젝트 시작할 때는 보이지 않다가 달리기 이야기가 끝나면 나타나도록 합시다. ('경기/끝'을 선택)를 사용하여 다음과 같이 완성해 봅시다.

▲ End 스프라이트

03 이제 배경을 설정해 봅시다. 이 스토리텔링에서 사용되는 배경은 다음과 같습니다. '배경1'은 이야기가 시작되어 사회자와 토끼, 거북이 차례로 이야기를 할 때, 달리기 시합이 끝나고 사회자가 결말을 이야기할 때 배경이 됩니다. '배경2'는 토끼와 거북의 달리기할 때 배경이 됩니다.

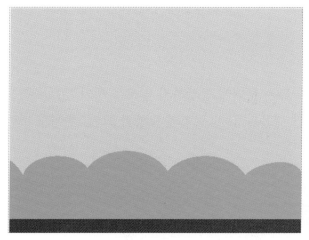

▲ 배경1

▲ 배경2

04 이야기가 시작할 때 '배경1'이 되도록 [클릭했을 때] 와 [배경을 배경1▼ (으)로 바꾸기] 를 사용합니다. 그 다음, 경주가 시작되면서 '배경2'로 바뀌어야 하므로 [메시지1▼ 신호를 받았을 때] ('사회자말/끝'을 선택)를 사용하고 [배경을 배경2▼ (으)로 바꾸기] 에서 '배경2'를 선택해 연결해 봅시다. 이때, 주인공 스프라이트가 잘 보이도록 하기 위해 [투명도▼ 효과를 30 (으)로 정하기] 를 추가합니다. 결말에는 다시 '배경1'이 되야 하므로 [메시지1▼ 신호를 받았을 때] ('경기/끝'을 선택) 와 [배경을 배경1▼ (으)로 바꾸기] 를 사용합니다.

⚪STEP ❸ 토끼 스프라이트

스크래치로 구현한 스토리텔링에서 주인공인 토끼 스프라이트의 모양은 오른쪽 방향을 보는 '토끼 1'과 왼쪽 방향을 보는 '토끼 2'로 2개입니다.

01 사회자가 스토리텔링을 할 때, 토끼 스프라이트는 무대에 등장하지 않도록 하기 위해 `숨기기`를 사용합니다. 비록 토끼가 무대에 보이지는 않지만 다음과 같이 토끼의 모양과 크기, 위치를 미리 설정합니다.

▲ 토끼 1

02 STEP ❶ 03의 신호를 받아 토끼가 무대에 등장하도록 만들어 봅시다. `메시지1▼ 신호를 받았을 때`('토끼말'을 선택)와 `보이기`를 사용합니다. 이어 `안녕! 을(를) 2 초 동안 말하기`를 추가해 다음과 같은 내용을 입력합니다. `메시지1▼ 신호 보내기`(이 때, 새로운 메시지 이름은 "토끼말/끝")를 추가해 토끼의 이야기가 끝난 후 거북이의 이야기가 전개되도록 합시다.

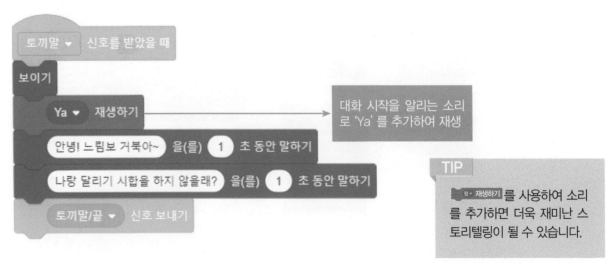

> 대화 시작을 알리는 소리로 'Ya'를 추가하여 재생

> **TIP**
>
> `▶ 재생하기`를 사용하여 소리를 추가하면 더욱 재미난 스토리텔링이 될 수 있습니다.

03 STEP ❶ 04의 신호를 받아 다시 토끼의 이야기를 전개해 봅시다. [메시지가▼ 신호를 받았을 때] ('사회자말/끝'을 선택)를 사용해 코드가 실행되도록 합시다. 이어 토끼의 크기와 위치를 정하는 블록과 [안녕! 을(를) ② 초 동안 말하기]를 추가해 다음과 같은 내용을 입력합니다. 마지막에 [메시지1▼ 신호 보내기] (이때, 새로운 메시지 이름은 "출발")를 추가하여 다음 코드와 연결될 수 있도록 합니다.

사회자말/끝 ▼ 신호를 받았을 때

크기를 30 %로 정하기 ─── 배경에 맞게 크기와 위치 설정

x: -195 y: 5 (으)로 이동하기

1 초 기다리기

그럼 을(를) 1 초 동안 말하기 ─── 경주 시작을 알리는 내용을 입력

3, 2, 1하면 출발하는 거야! 을(를) 2 초 동안 말하기

3 을(를) 1 초 동안 말하기

2 을(를) 1 초 동안 말하기 ─── 카운트다운

1 을(를) 1 초 동안 말하기

Motorcycle Passing ▼ 재생하기 ─── 경주 시작을 알리는 소리로 'Motorcycle Passing'을 추가하여 재생

출발 ▼ 신호 보내기

04 이제 토끼와 거북이 달리기 시합 이야기를 전개해 봅시다. 〖메시지가 ▾ 신호를 받았을 때〗('출발'을 선택)을 사용해 코드가 실행될 수 있도록 합니다. 배경 속 길을 따라 달리기 하는 것처럼 보이도록 〖1 초 동안 x: 0 y: 0 (으)로 이동하기〗를 사용해 다음과 같이 x, y 좌표값에 변화를 주어 토끼가 배경 속 길을 따라 달리는 것처럼 보이도록 합니다.

〖안녕! 을(를) 2 초 동안 말하기〗를 사용해 다음과 같이 토끼의 대사를 입력하고 〖모양을 토끼2 ▾ (으)로 바꾸기〗와 〖1 초 동안 x: 0 y: 0 (으)로 이동하기〗를 추가해 거북이가 뒤처진 것을 알고 토끼가 잠이 드는 이야기를 전개합니다. 마지막으로 〖멈추기 이 스크립트 ▾〗를 연결합니다.

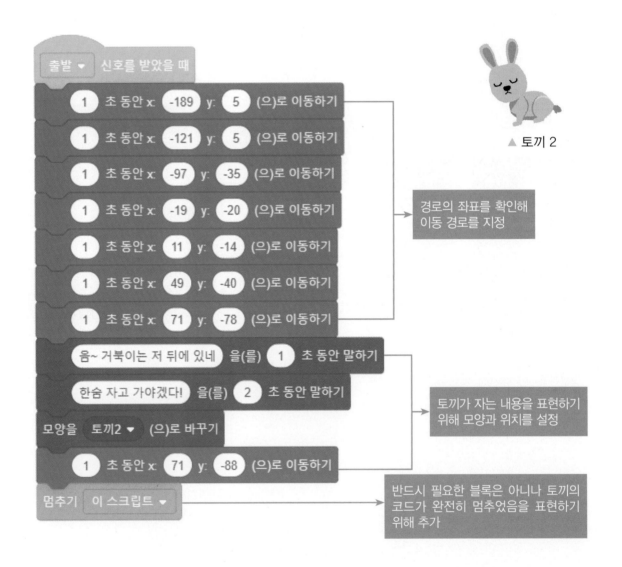

▲ 토끼 2

경로의 좌표를 확인해
이동 경로를 지정

토끼가 자는 내용을 표현하기
위해 모양과 위치를 설정

반드시 필요한 블록은 아니나 토끼의
코드가 완전히 멈추었음을 표현하기
위해 추가

05 마지막 화면에 토끼가 사라지도록 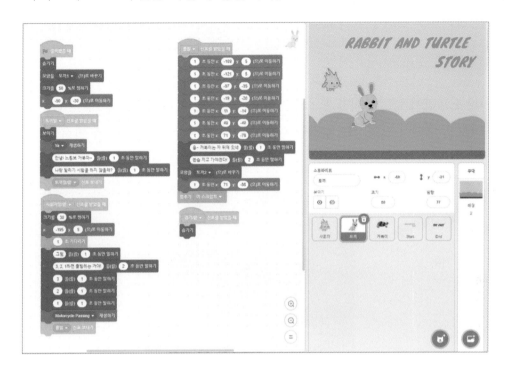('경기/끝'을 선택)와 [숨기기]를 연결하여 추가합니다.
토끼 스프라이트의 코드 화면은 다음과 같습니다.

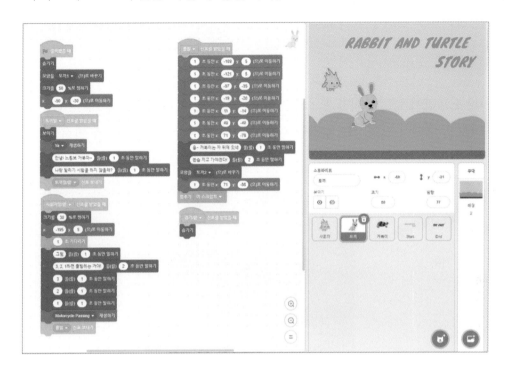

06 토끼 스프라이트의 코드 실행 화면입니다.

○STEP ④ 거북이 스프라이트

거북이 스프라이트는 토끼 스프라이트와 함께 스크래치로 구현한 스토리텔링의 주인공입니다.

01 거북이 스프라이트도 사회자가 스토리텔링을 할 때, 무대에 등장하지 않도록 숨기기 를 사용합니다. 거북이도 무대에서 보이지는 않지만 다음과 같이 모양과 크기, 위치를 미리 설정합니다.

▲ 거북 1

02 STEP ❶ 03의 신호를 받아 거북이도 토끼와 함께 무대에 등장하도록 만들어 봅시다. 메시지1 ▾ 신호를 받았을 때 ('토끼말'을 선택)와 보이기 를 사용합니다.

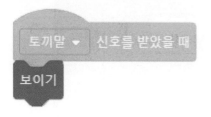

03 거북이가 토끼가 제안한 시합을 받아들이는 이야기를 전개해 봅시다. **STEP ❸** 02의 신호를 받아 코드가 실행되도록 ('토끼말/끝'을 선택)를 사용합니다. 를 추가해 다음 과 같은 내용을 입력합니다. 마지막에 ('거북말/끝'을 선택)를 추가하여 **STEP ❶** 04 의 사회자 코드와 연결되도록 합니다.

04 STEP ❶ 04의 신호를 받아 토끼가 이야기를 전개할 때 다음과 같이 거북이 스프라이트의 크기, 모양, 위치를 설정해 봅시다.

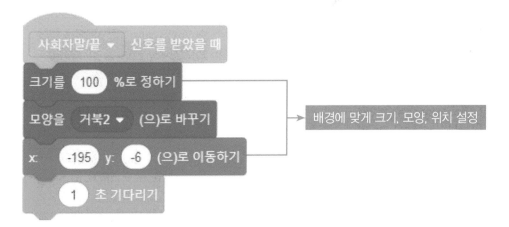

05 이제 토끼와 거북이 달리기 시합 이야기를 전개해 봅시다. **STEP ❸ 04**에서의 토끼와 마찬가지로 `메시지1 ▾ 신호를 받았을 때`('출발'을 선택)와 `1초 동안 x: 0 y: 0 (으)로 이동하기`를 사용합니다. 이때, 토끼보다는 거북이가 늦게 달려야 하므로 '2초' 동안 움직이도록 합니다. `안녕! 을(를) 2 초 동안 말하기`를 추가해 다음과 같이 거북이의 대사를 입력합니다. 마지막으로 사회자가 결말 스토리텔링을 할 수 있도록 `메시지1 ▾ 신호 보내기`('경기/끝'을 선택)와 `숨기기`를 추가합니다.

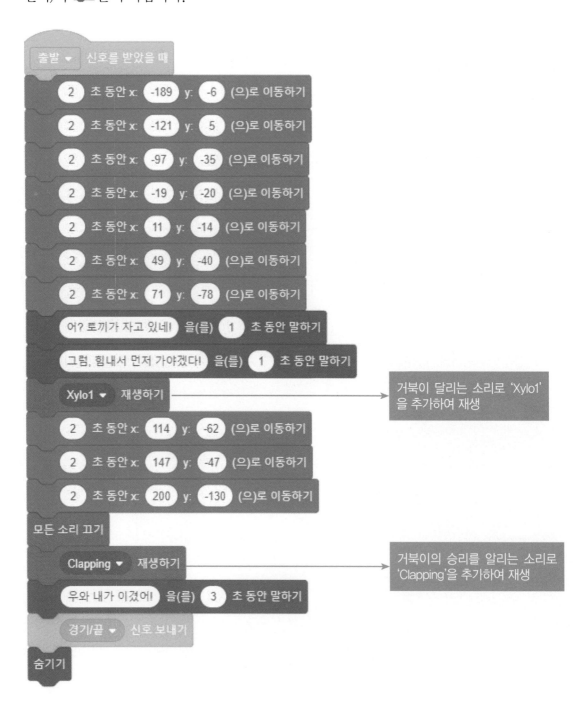

거북이 달리는 소리로 'Xylo1'을 추가하여 재생

거북이의 승리를 알리는 소리로 'Clapping'을 추가하여 재생

06 01부터 05까지 완성하였다면 거북이 스프라이트의 코드 화면은 다음과 같습니다.

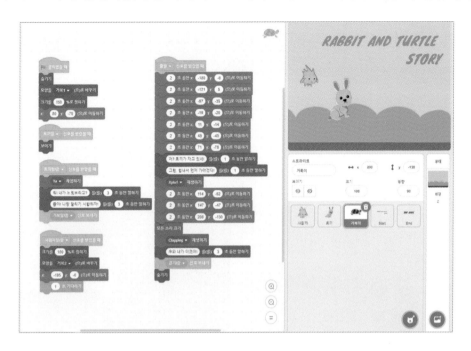

07 거북이 스프라이트의 코드 실행 화면입니다.

08 STEP ❶~STEP ❹까지 완성한 프로젝트를 실행해 봅시다. 우리가 알고 있는 토끼와 거북이 이야기대로 스토리텔링 되었나요?

▲ 완성파일: 13_01_완성

01 '신데렐라' 이야기 중 다음 내용을 스토리텔링하는 프로젝트를 완성해 보세요.

> • 무도회에 초대 받은 신데렐라가 요정의 도움으로 재투성이 옷에서 멋진 드레스로 갈아입고 성에
> 서 왕자를 만나는 이야기

▲ 준비파일: 기초_13_01_준비 / 완성파일: 기초_13_01_완성

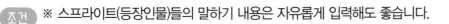

조건 ※ 스프라이트(등장인물)들의 말하기 내용은 자유롭게 입력해도 좋습니다.

이야기꾼 스프라이트
- 실행할 때, 무대에서 보이기
- 배경을 'Hearts'로 바꾸기
- x: 0, y: 0으로 이동하기
- 다음 이야기를 각각 2초 동안 말하기
  "무도회에 초대 받은 신데렐라"
  "하지만 신데렐라는 재투성이 옷뿐"
  "누가 신데렐라를 도와줄 순 없을까?"
- "이야기 시작" 신호를 보내고 무대에서 숨기기

신데렐라 스프라이트
- 실행할 때, x: –67, y: –55로 이동하기
- 모양을 'princess'로 바꾸고 무대에서 숨기기
- "이야기 시작" 신호를 받았을 때, 무대에 보이기
- 다음 이야기를 각각 말하기
  "어쩌지?"(1초 동안 말하기)
  "이 옷으로 무도회에 갈 수는 없어"(2초 동안 말하기)
  "방법이 없을까?"(2초 동안 말하기)
- 9초 뒤, 모양을 'princess2'로 바꾸기
- "고맙습니다, 요정님!"을 2초 동안 말하고 숨기기
- "무도회장" 신호를 받았을 때, 실행하기
- 2초 기다렸다가 보이기
- "안녕하세요? 왕자님!"을 2초 동안 말하기

요정 스프라이트
- 실행할 때, x: 77, y: –31로 이동하기
- 무대에서 숨기기
- "이야기 시작" 신호를 받았을 때, 실행하기
- 7초 기다렸다가 무대에 보이기

- 다음 이야기를 각각 2초 동안 말하기
  "안녕, 신데렐라!"
  "내가 너를 도와줄게"
  "누구보다 멋지게 변신시켜 줄게!"
- 3초 후, 무대에서 숨기기
- "무도회장" 신호 보내기

왕자 스프라이트
- 실행할 때, x: 87, y: –59로 이동하기
- 무대에서 숨기기
- "무도회장" 신호를 받았을 때, 실행하기
- 2초 기다렸다가 무대에 보이기
- 다시 2초 기다렸다가 다음 이야기를 말하기
  "당신에게 특별한 무도회가 되었으면 해요!"

무대
- "이야기 시작" 신호를 받았을 때, 실행하기
- 배경을 'Castle 2'로 바꾸기
- 5초 기다렸다가 밝기 효과를 50만큼 바꾸기
- 1초 기다렸다가 밝기 효과를 75만큼 바꾸기
- 1초 기다렸다가 그래픽 효과 지우기
- 6초 기다리기
- 색깔 효과를 바꾸는 것을 2번 반복하기(이때, 효과 값 설정은 난수 블록을 활용하기)
- 그래픽 효과 지우기
- "무도회장" 신호를 받았을 때, 실행하기
- 배경을 'Castle 3'으로 바꾸기
- 1초 기다리기
- 밝기 효과를 바꾸는 것을 5번 반복하기(이때, 효과 값 설정은 난수 블록을 활용하기)
- 그래픽 효과 지우기

01 이솝 우화 중 해와 바람 이야기를 스토리텔링하는 프로젝트를 완성해 보세요.

• 해와 바람이 자신들이 가진 능력으로 나그네의 목도리를 벗길 수 있는지 내기하는 이야기

▲ 준비파일: 심화_13_01_준비 / 완성파일: 심화_13_01_완성

※ 스프라이트(등장인물)들의 말하기 내용은 자유롭게 입력해도 좋습니다.

Avery 스프라이트

- 실행할 때, x: 30, y: -59로 이동하기
- 모양을 'avert-b2'로 바꾸기
- 다음 이야기를 각각 말하기
  "해와 바람 이야기를 들려줄게"(2초 동안 말하기)
  "이야기의 교훈이 무엇인지"(2초 동안 말하기)
  "생각해 보자!"(1초 동안 말하기)
- 1초 기다렸다가 모양을 'avery-b'로 바꾸기
- "이야기시작" 신호 보내기
- "바람" 신호를 받았을 때, 모양을 'avery-a2'로 바꾸기
- 2초 기다렸다가, 다음 이야기를 각각 2초 동안 말하기
  "바람이 많이 부네"
  "목도리가 날아가겠어"
  "더 단단히 매야겠어!"
- "태양" 신호를 받았을 때, 모양을 'avery-b'로 바꾸기
- 2초 기다렸다가, 다음 이야기를 각각 말하기
  "으~"(1초 동안 말하기)
  "갑자기 너무 덥네!"(2초 동안 말하기)
  "목도리를 벗어야 겠다"(2초 동안 말하기)
- 모양을 'avery-a'로 바꾸기
- "태양의승" 신호 보내기

Cloud 스프라이트

- 실행할 때, 무대에서 숨기기
- 모양을 'cloud'로 바꾸기
- x: -119, y: 127로 이동하기
- "이야기시작" 신호를 받았을 때, 무대에 보이기
- "누가 더 강한지 겨뤄보자!"를 2초 동안 말하기
- 2초 기다렸다가, 다음 이야기를 각각 말하기
  "좋아!"(1초 동안 말하기)
  "저 나그네의 목도리를 벗기면 이긴 걸로 하자!"(2초 동안 말하기)
- 2초 기다렸다가, "내가 먼저 하겠어!"를 2초 동안 말하기
- 1초 동안 x: -110, y: 75로 이동하기
- 모양을 'cloud3'로 바꾸기
- "바람" 신호 보내기
- 'Rattle' 소리 재생하기
- "후우우우~~~"를 2초 동안 말하기
- 모양을 'cloud'로 바꾸기

- 1초 동안 x: -119, y: 127로 이동하기
- "태양의승" 신호를 받았을 때, 3초 기다렸다가 "내가 지다니, 분하다!"를 2초 동안 말하기

Sun 스프라이트

- 실행할 때, 무대에서 숨기기
- x: 148, y: 107로 이동하기
- "이야기시작" 신호를 받았을 때, 무대에 보이기
- 2초 기다렸다가, "바람아, 그러면 나와 내기를 하는 건 어때?"를 2초 동안 말하기
- 3초 기다렸다가, "그래, 좋은 방법이야!"를 2초 동안 말하기
- 11초 기다렸다가, "바람아, 나를 잘 보렴"을 2초 동안 말하기
- "태양" 신호 보내기
- 'Bell Cymbal' 소리 재생하기
- '태양의승' 신호를 받았을 때, 실행하기
- 1초 기다렸다가, "봤니, 바람아?"를 2초 동안 말하기
- 2초 기다렸다가, 다음 이야기를 각각 2초 동안 말하기
  "나그네에게 강제적인 것보다"
  "자유로운 선택을 주는 것이 옳아!"

바람 스프라이트

- 실행할 때, x: -5, y: -20로 이동하기
- 무대에서 숨기기
- "바람" 신호를 받았을 때, 다음을 4번 반복하기
  무대에서 보이기
  0.5 초 기다렸다가, 무대에서 숨기기

햇빛 스프라이트

- 실행할 때, x: -49, y: -3로 이동하기
- 무대에서 숨기기
- "태양" 신호를 받았을 때, 다음을 4번 반복하기
  무대에서 보이기
  0.5 초 기다렸다가, 무대에서 숨기기

무대

- "바람" 신호를 받았을 때, 소용돌이 효과를 50만큼 바꾸기
- 2초 기다렸다가, 그래픽 효과 지우기
- "태양" 신호를 받았을 때, 밝기 효과를 25만큼 바꾸기
- 2초 기다렸다가, 그래픽 효과 지우기

카드 맞추기 게임을 해요

학습목표

리스트를 활용해 카드 색을 순서대로 맞추는 게임을 만들어 봅시다. 컴퓨터가 문제로 제시하는 카드의 색을 사용자가 순서대로 선택하며 맞추면, 점수를 얻고 다음 단계로 넘어가도록 합시다.

자, 이제 카드의 색을 기억하고 맞추는 게임을 완성한 뒤 나의 기억력을 테스트 해 볼까요?

무엇을 만들까?

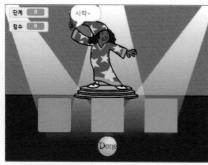

무엇을 배울까?

STEP ❶ Start 버튼 스프라이트

STEP ❷ 마법사 스프라이트

STEP ❸ 카드 선택하기

STEP ❹ 정답 확인하기

STEP ❺ 시작과 종료 문구 만들기

○게임 미리보기 》

카드 게임 프로젝트를 만들기에 앞서 이 게임의 흐름을 이해해 봅시다.

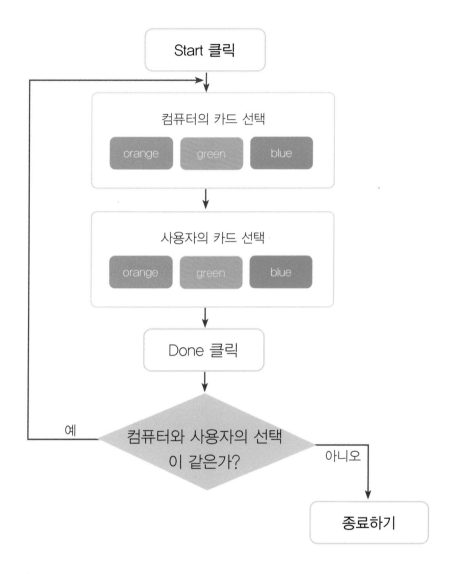

- 게임을 시작하면(Start 버튼을 누르면) 컴퓨터가 카드를 선택합니다.
- 선택된 카드 순서대로 사용자가 카드를 클릭한 후 정답을 확인합니다(Done 버튼을 누릅니다).
- 사용자가 선택한 카드의 개수와 순서가 컴퓨터의 선택과 동일하면, 다시 게임은 시작됩니다.
- 만약 개수나 순서를 틀리게 클릭했다면, 게임은 종료됩니다.

자, 어느 정도 게임에 대해 이해가 되었나요? 본격적으로 코드를 만들어 볼까요?

01 'start button' 스프라이트를 클릭하면 게임이 시작되도록 만들어 봅시다. 클릭했을때 와 보이기 를 사용해 프로젝트를 실행할 때, 이 스프라이트가 보이도록 합니다. 또한 다음과 같이 x:0 y:0 (으)로 이동하기 를 추가해 스프라이트 위치를 다음과 같이 지정합니다.

▲ 준비파일: 14_01_준비

02 버튼을 클릭할 때 실감나는 효과를 주기 위해 마우스 포인터가 닿으면 버튼이 커졌다가 작아지도록 만들어 봅시다. 다음과 같이 까지 반복하기 와 마우스를 클릭했는가? 를 연결합니다. 이어 버튼에 마우스 포인터가 닿으면 커졌다가, 버튼에서 벗어나면 다시 원래 크기가 되도록 만약 (이)라면 ~ 아니면 과 마우스 포인터▾ 에 닿았는가? 를 연결한 후, 크기를 120 %로 정하기 와 크기를 100 %로 정하기 를 추가합니다.

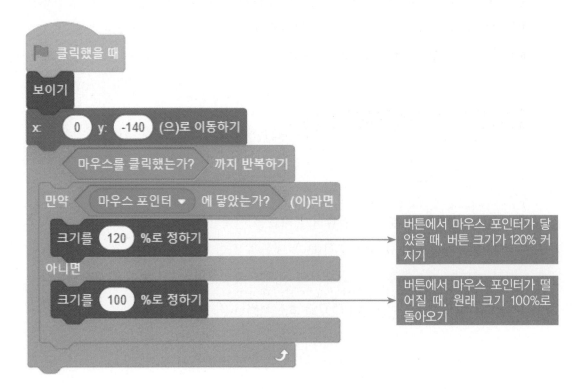

버튼에서 마우스 포인터가 닿았을 때, 버튼 크기가 120% 커지기

버튼에서 마우스 포인터가 떨어질 때, 원래 크기 100%로 돌아오기

03 숨기기를 사용해 버튼을 클릭하면 게임이 시작되고 버튼은 무대에서 사라지도록 합니다. 이어 메시지가▼ 신호 보내기 (이때, 새로운 메시지 이름을 "start")를 추가해 게임 시작을 위한 코드가 실행되도록 합니다.

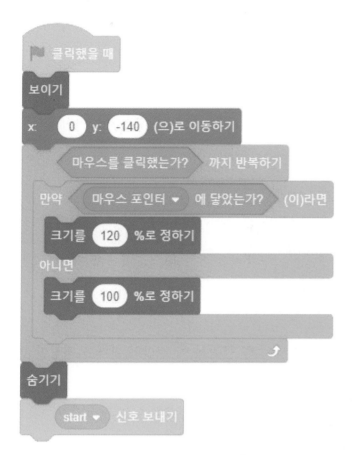

04 지금까지 만든 코드의 실행 화면입니다. Start 버튼 위에 마우스 포인터가 닿으면 크기가 120%로 커졌다가 마우스 포인터가 떨어지면 다시 원래 크기로 돌아옵니다.

▲ 스프라이트 크기 120%

▲ 스프라이트 크기 100%

카드 맞추기 게임에서는 변수와 리스트가 필요합니다. 먼저, 단계와 점수 그리고 3장의 카드 순서를 저장할 변수까지 총 3개의 변수가 필요합니다. 또한, 컴퓨터가 문제로 제시하는 카드의 순서와 사용자가 선택하는 카드의 순서를 저장할 공간으로 2개의 리스트도 필요합니다.

이 게임은 단계와 컴퓨터가 제시하는 카드 수, 사용자가 선택하는 카드 수가 동일합니다. 반면, 점수는 클릭한 카드의 수만큼 누적되도록 합시다.

단계	1	2	3	4	5	…
컴퓨터가 제시하는 카드 수	1	2	3	4	5	…
사용자가 선택해야 하는 카드 수	1	2	3	4	5	…
점수 누적	1	3	6	10	15	…

01 마법사 스프라이트를 선택한 후, [변수]에서 변수만들기 를 클릭해 이 게임의 단계를 저장할 변수 '단계'를 만듭니다. 이 변수는 '모든 스프라이트에서 사용'을 선택합니다.

TIP

'모든 스프라이트에서 사용'되는 변수나 리스트라면 마법사 스프라이트뿐만 아니라 다른 스프라이트를 선택해 변수나 리스트를 만들어도 괜찮습니다.

02 같은 방법으로 사용자가 얻은 점수를 저장할 변수 '점수'와 3장의 카드 순서를 저장할 '선택버튼은?' 변수를 만듭니다.

03 이번에는 2개의 리스트를 만들어 봅시다. 2개의 리스트는 각각 컴퓨터가 문제로 제시하는 카드의 순서와 사용자가 직접 클릭하여 선택하는 카드의 순서를 저장합니다. [리스트 만들기] 를 클릭한 후, 리스트 이름을 "컴퓨터 선택"을 입력합니다. 같은 방법으로 "사용자 선택" 리스트도 만듭니다.

04 변수 3개와 리스트 2개를 만들어졌습니다. 변수와 리스트 중에서 '단계'와 '점수' 변수에만 체크하여 무대에서 보이게 합니다.

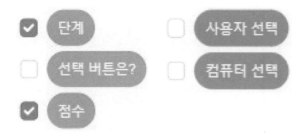

05 게임을 시작할 때, '단계'와 '점수' 변수는 초깃값이 0이 되어야 하므로 ◼단계▾을(를)0로정하기 과 ◼점수▾을(를)0로정하기 를 다음과 같이 연결합니다.

06 Start 버튼을 클릭하면 컴퓨터가 문제로 제시할 카드를 선택하도록 만들어 봅시다. **STEP ❶ 03**의 신호를 받아 코드가 실행되도록 ◼메시지1▾신호를받았을때 ('start'를 선택)를 사용합니다. ◼안녕!을(를)2초동안말하기 를 추가해 "시작~"을 입력합니다. ◼컴퓨터선택▾의항목을모두삭제하기 와 ◼사용자선택▾의항목을모두삭제하기 를 추가하여 게임이 시작할 때마다 미리 리스트가 비어있도록 설정합니다.

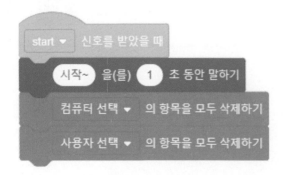

07 '단계' 변수 값은 사용자가 카드 문제를 맞추면 증가합니다. '단계' 변수에 저장된 값은 사용자가 게임을 맞춘 횟수이자 컴퓨터가 문제를 제시하는 횟수를 나타냅니다.

단계▼ 을(를) ❶ 만큼 바꾸기 를 연결해 게임이 시작되면 단계가 '1' 증가합니다.

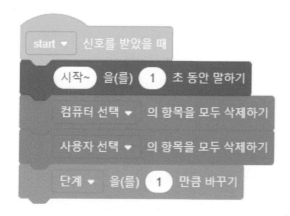

08 '단계' 변수는 컴퓨터가 문제를 제시하는 횟수를 나타내므로 단계 와 ⑩번 반복하기 를 연결하여 사용합니다. 이어 컴퓨터가 3개의 카드 중 무작위로 선택하여 문제를 내도록 ❶부터❸사이의 난수 와 선택 버튼은?▼ 을(를) ❶ 로 정하기 를 연결해 다음과 같이 추가합니다.

09 카드가 무작위로 선택되고 해당 카드가 반응을 할 수 있도록 다음과 같이 만약 ◆ (이)라면 ~ 아니면 과 ◯ = 50 , 메시지1▼ 신호 보내기 를 사용합니다.

- 선택 버튼은? 변수에 1이 저장되었다면, 첫 번째 카드인 'orange'와 연결될 수 있도록 컴퓨터_orange▼ 신호 보내기 를 사용합니다.

- 선택 버튼은? 변수에 2가 저장되었다면, 두 번째 카드인 'green'과 연결될 수 있도록 컴퓨터_green▼ 신호 보내기 를 사용합니다.

- 선택 버튼은? 변수에 3이 저장되었다면, 세 번째 카드인 'blue'와 연결될 수 있도록 컴퓨터_blue▼ 신호 보내기 를 사용합니다.

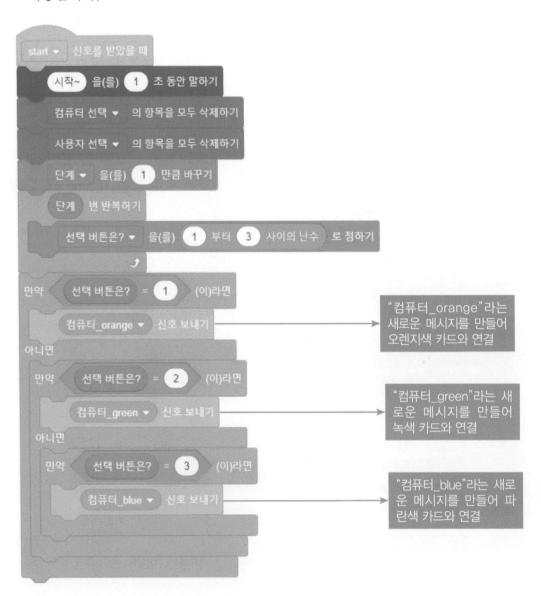

"컴퓨터_orange"라는 새로운 메시지를 만들어 오렌지색 카드와 연결

"컴퓨터_green"라는 새로운 메시지를 만들어 녹색 카드와 연결

"컴퓨터_blue"라는 새로운 메시지를 만들어 파란색 카드와 연결

10 완성된 마법사 스프라이트의 코드는 다음과 같습니다.

이때  를 추가하여 한 카드를 선택하고 다음 카드 선택으로 넘어가는 시간을 조절합니다.

카드 맞추기 게임에서 사용되는 카드는 orange, green, blue 3장입니다. 컴퓨터는 이 카드들을 활용해 사용자에게 문제를 내고, 사용자는 컴퓨터가 낸 문제를 맞추기 위해 이 카드를 클릭합니다. 사용자가 문제를 맞춘다면 게임은 계속 진행되지만 틀렸을 경우 카드는 무대에서 사라지게 됩니다.

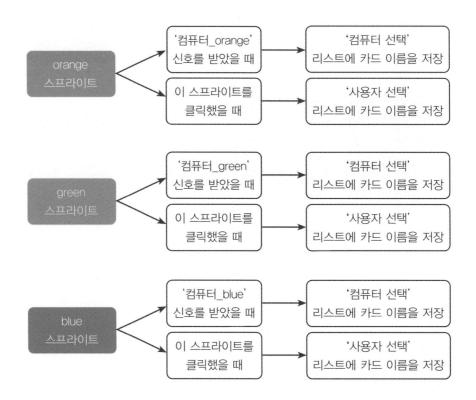

01 3개의 카드 중 먼저 'orange' 카드의 코드를 완성해 봅시다. 프로젝트가 실행될 때는 무대에 등장하지 않도록 숨기기 를 사용합니다. 또한 사용자가 문제를 틀려 게임이 끝났을 때에도 카드가 보이지 않도록 하기 위해 메시지1 ▾ 신호를 받았을 때 (이때, 새로운 메시지 이름은 "game over")와 숨기기 를 사용해 다음과 같이 만듭니다.

02 Start 버튼을 클릭하면 카드가 무대에서 지정된 위치에 나타나도록 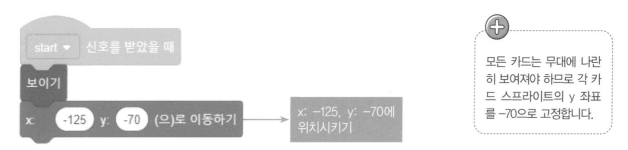('start'를 선택), 보이기, x: 0 y: 0 (으)로 이동하기 를 다음과 같이 연결합니다.

start ▼ 신호를 받았을 때
보이기
x: -125 y: -70 (으)로 이동하기

→ x: -125, y: -70에 위치시키기

⊕
모든 카드는 무대에 나란히 보여져야 하므로 각 카드 스프라이트의 y 좌표를 -70으로 고정합니다.

03 이 게임에서 컴퓨터가 orange 카드를 선택할 때, 카드가 소리를 내며 반응하도록 만들려고 합니다. 메시지: 신호를 받았을 때 ('컴퓨터_orange'를 선택)와 ♪ 72 번 음을 0.2 박자로 연주하기 를 연결해 **STEP ② 09**의 신호를 받으면 소리가 나도록 합니다.

10 번 반복하기 와 크기를 10 만큼 바꾸기, 1 초 기다리기 를 다음과 같이 연결해 크기 변화를 통해 사용자에게 컴퓨터가 선택한 카드를 알려줍니다. 마지막으로 orange 을(를) 컴퓨터 선택 ▼ 에 추가하기 를 추가해 '컴퓨터 선택' 리스트에 'orange'라는 항목이 저장되도록 합니다.

컴퓨터_orange ▼ 신호를 받았을 때
♪ 72 번 음을 0.2 박자로 연주하기
크기를 90 %로 정하기
4 번 반복하기
크기를 -5 만큼 바꾸기
0.01 초 기다리기
orange 을(를) 컴퓨터 선택 ▼ 에 추가하기

→ orange 카드가 선택되면 이 소리를 연주하기

→ 카드 선택을 실감나게 표현하기 위해 크기 변화주기

04 사용자가 orange 카드를 선택하면 **03**과 마찬가지로 소리를 내며 반응하도록 만들려고 합니다. **03**에서 완성한 블록을 복사하여 다음과 같이 수정해 봅시다.  를 사용하여 사용자가 카드를 선택하면 소리를 내고, 크기 변화를 통해 사용자가 어떤 카드를 클릭했는지 알려줍니다.

마지막으로 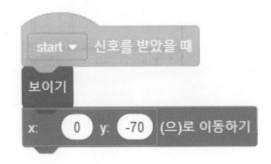 를 추가해 '사용자 선택' 리스트에도 'orange'라는 항목이 저장되도록 합니다.

여기까지 'orange' 카드 스프라이트의 코드가 모두 완성되었습니다.

05 'green' 카드 스프라이트의 코드를 만들어 봅시다. 세 카드는 게임에서 같은 역할을 하므로 'orange'의 모든 코드를 복사하여 수정해 봅시다. 카드들이 무대에 나란히 위치해야 하므로 x 좌표만 '0'으로 수정합니다.

06 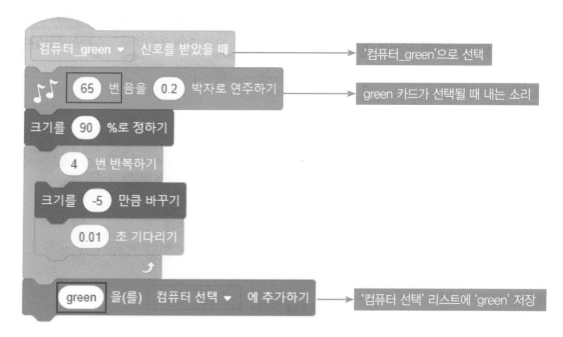 ('컴퓨터_green'를 선택)를 사용하여 컴퓨터가 green 카드를 선택하면 다음과 같은 블록들이 차례로 실행되도록 합니다.

07 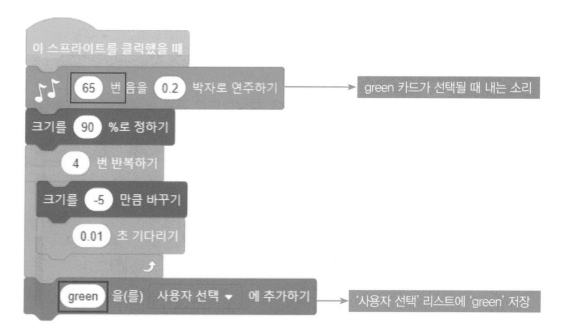 를 사용하여 사용자가 카드를 선택하면 다음과 같은 블록들이 차례로 실행되도록 합니다. 여기까지 'green' 카드 스프라이트의 코드가 모두 완성되었습니다.

08 마지막으로 'blue' 카드 스프라이트의 코드를 만들어 봅시다. 세 카드는 게임에서 같은 역할을 하므로 'orange'의 모든 코드를 복사하여 수정해 봅시다. 카드들이 무대에 나란히 위치해야 하므로 x 좌표만 '125'으로 수정합니다.

09 ('컴퓨터_blue'를 선택)를 사용하여 컴퓨터가 blue 카드를 선택하면 다음과 같은 블록들이 차례로 실행되도록 합니다.

10 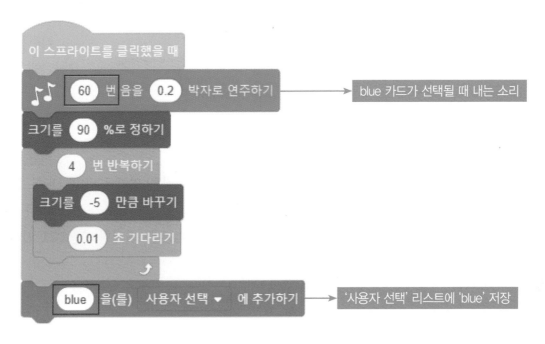 를 사용하여 사용자가 카드를 선택하면 다음과 같은 블록들이 차례로 실행되도록 합니다. 여기까지 'blue' 카드 스프라이트의 코드까지 모두 완성되었습니다.

ＱSTEP ❹ 정답 확인하기

컴퓨터가 선택한 카드와 본인이 선택한 카드가 같은지 정답 확인을 하기 위해 사용자는 'Done' 버튼을 클릭합니다. 정답이 맞다면 다음 단계로 넘어가고 게임이 진행되지만 틀리다면 게임은 종료됩니다.

다음을 보고 카드 맞추기 게임의 정답을 확인하는 과정을 이해해 봅시다.

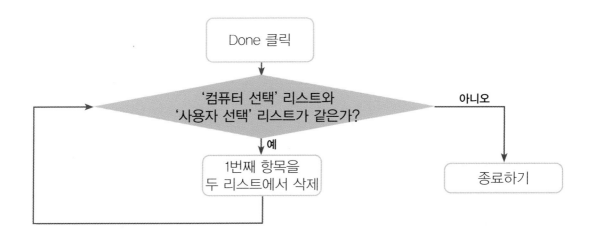

01 'done button' 스프라이트는 정답을 확인할 때 필요한 것이므로 게임의 첫 프로젝트가 실행될 때는 보이지 않아야 합니다. 그러기 위해서 [숨기기]를 사용합니다.

02 Start 버튼을 클릭해 게임이 시작되면, 'start' 신호를 받아 Start 버튼 위치에 나타나도록 합니다. 또한, Start 버튼과 마찬가지로 Done 버튼에 마우스 포인터가 닿으면 커졌다가, 버튼에서 벗어나면 다시 원래 크기가 되도록 [만약 ◆ (이)라면 ~ 아니면]과 [마우스 포인터 ▾ 에 닿았는가?]를 연결한 후, [크기를 120 %로 정하기]와 [크기를 100 %로 정하기]를 연결합니다.

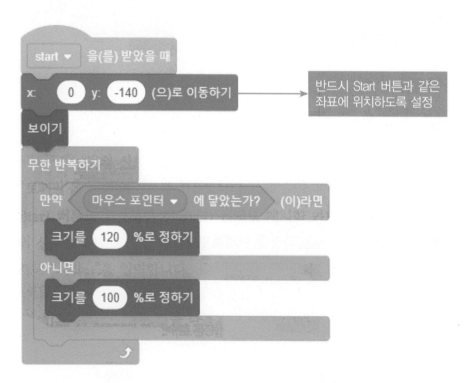

03 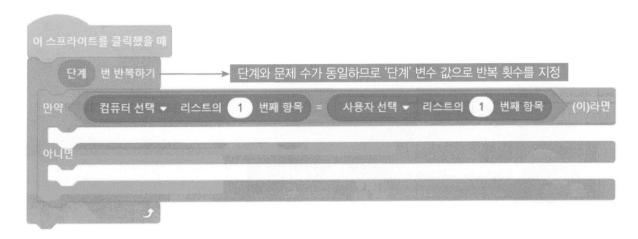 를 사용하여 Done 버튼을 클릭하면 문제를 맞췄는지 틀렸는지 확인할 수 있도록 만들어 봅시다. 단계 와 ●번 반복하기 를 연결하여 '단계'만큼 정답을 비교하는 횟수가 반복되도록 합니다. '컴퓨터 선택' 리스트와 '사용자 선택' 리스트의 항목을 비교해 정답을 확인해야 하므로 만약 ●(이)라면 ~아니면 과 ◁ ●=50, 컴퓨터 선택▼ 리스트의 1 번째 항목, 사용자 선택▼ 리스트의 1 번째 항목 을 연결하여 두 리스트의 첫 번째 항목이 같은지를 조건으로 정합니다.

이 스프라이트를 클릭했을 때
단계 번 반복하기 ← 단계와 문제 수가 동일하므로 '단계' 변수 값으로 반복 횟수를 지정
만약 ◁ 컴퓨터 선택 ▼ 리스트의 1 번째 항목 = 사용자 선택 ▼ 리스트의 1 번째 항목 ▷ (이)라면
아니면

04 두 리스트의 첫 번째 항목이 같다면 각 리스트의 첫 번째 항목들을 삭제하고 다음 항목도 같은지를 비교할 준비를 해야 합니다. 1 번째 항목을 컴퓨터 선택▼ 에서 삭제하기 과 1 번째 항목을 사용자 선택▼ 에서 삭제하기 를 사용해 다음과 같이 연결해 봅시다.

이 스프라이트를 클릭했을 때
단계 번 반복하기
만약 ◁ 컴퓨터 선택 ▼ 리스트의 1 번째 항목 = 사용자 선택 ▼ 리스트의 1 번째 항목 ▷ (이)라면
　1 번째 항목을 컴퓨터 선택 ▼ 에서 삭제하기
　1 번째 항목을 사용자 선택 ▼ 에서 삭제하기
아니면

05 두 리스트의 첫 번째 항목이 다르다면 게임이 종료됩니다. `안녕! 을(를) 2 초 동안 말하기`를 추가해 게임이 종료 됨을 알리는 내용을 입력합니다. 이어 `숨기기`를 사용해 무대에서 Done 버튼이 사라지도록 합니다. `game over ▾ 신호 보내기`를 추가해 게임 종료을 알려 다른 코드가 이어질 수 있도록 합니다.

```
이 스프라이트를 클릭했을 때
단계 번 반복하기
    만약  컴퓨터 선택 ▾  리스트의 1 번째 항목 = 사용자 선택 ▾ 리스트의 1 번째 항목  (이)라면
        1 번째 항목을  컴퓨터 선택 ▾  에서 삭제하기
        1 번째 항목을  사용자 선택 ▾  에서 삭제하기
    아니면
        틀렸습니다. 다음 기회에~  을(를) 1 초 동안 말하기
        숨기기
        game over ▾  신호 보내기
```

06 두 리스트의 첫 번째 항목이 같다면(정답을 맞췄다면) 점수를 누적하고 다음 단계로 게임이 이어져 야 합니다. `점수 ▾ 을(를) 10 만큼 바꾸기`와 `단계`를 연결하여 '점수' 변수에 단계 만큼 점수가 누적되도록 합니다. 또한 `안녕! 을(를) 2 초 동안 말하기`를 추가해 "참 잘했어요~"를 입력합니다. 마지막으로 다음 단계 문제를 낼 수 있도록 `start ▾ 신호 보내기`를 추가해 봅시다.

여기까지 'done button' 스프라이트의 코드까지 모두 완성되었습니다.

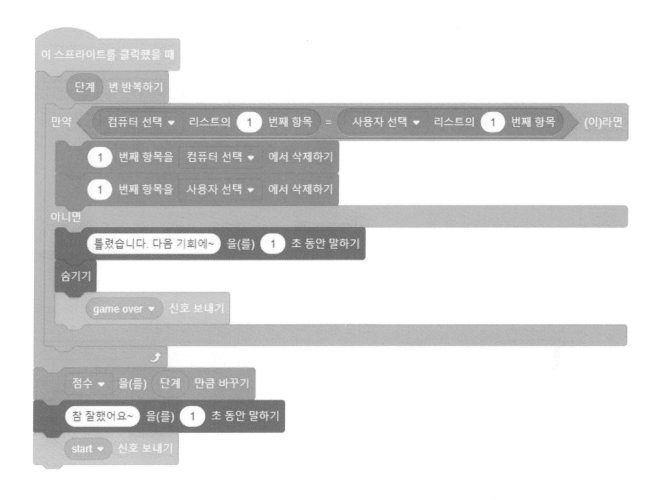

07 Done 버튼을 클릭해 코드를 실행해 봅시다. 예를 들어, '컴퓨터 선택' 리스트에는 orange, green 순서로 저장되어 있고, '사용자 선택' 리스트에는 orange, blue 순서로 저장되어 있다고 합시다. 각 리스트의 1번째 항목에는 orange가 있으므로 이 항목은 리스트에서 삭제되고 '컴퓨터 선택'의 1번째 항목은 green, '사용자 선택'의 1번째 항목은 blue이 됩니다. 다시 조건과 일치하는지 확인하면 각 리스트의 1번째 항목은 서로 다르므로 Done 버튼은 "틀렸습니다. 다음 기회에~"를 말하고 사라집니다.

○STEP 5 시작과 종료 문구 만들기 »

텍스트 스프라이트를 수정하여 원하는 문구를 무대에 등장시킬 수 있습니다. 이 게임에서는 'title/over' 스프라이트를 활용해 카드 맞추기 게임의 시작과 종료 문구를 무대에 등장시켜 게임을 더욱 멋지게 꾸며 봅시다.

01 클릭했을 때 와 보이기 를 사용해 프로젝트를 실행했을 때, 게임 시작을 알리는 문구를 무대에 등장시켜 봅니다. 또한 다음과 같이 x: 0 y: 0 (으)로 이동하기 를 연결해 스프라이트 위치를 지정합니다. 모양을 ColorMemory ▾ (으)로 바꾸기 를 추가합니다.

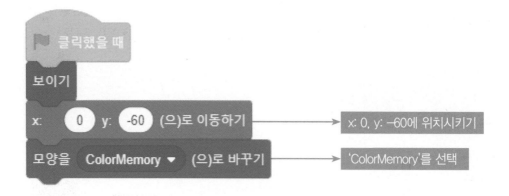

x: 0, y: −60에 위치시키기

'ColorMemory'를 선택

02 start ▾ 신호를 받았을 때 ('start'를 선택)와 숨기기 를 사용해 Start 버튼을 클릭하면 시작 문구는 사라지고 무대에 카드들과 Done 버튼만 남도록 합니다.

03 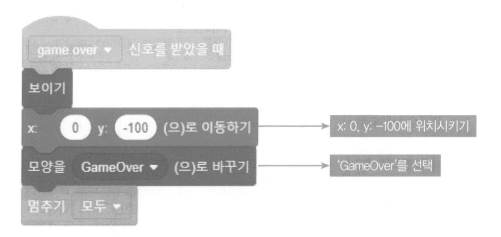 ('game over'를 선택)와 [보이기]를 사용해 사용자가 문제를 틀렸을 때, 게임 종료를 알리는 문구를 무대에 등장시킵니다. 이어서 [x: 0 y: 0 (으)로 이동하기]와 [모양을 GameOver ▼ (으)로 바꾸기]를 추가합니다.

이 프로젝트를 종료하기 위해 [멈추기 모두 ▼]를 추가하여 완성시켜 봅시다.

여기까지 'title/over' 스프라이트의 코드가 완성되었습니다.

▲ 완성파일: 14_01_완성

04 코드 실행 결과는 다음과 같습니다.

▲ 시작 화면

▲ 종료 화면

01 케이크 스프라이트에 마우스 포인터가 닿으면 모양과 크기가 바뀌고 음악이 재생되는 프로젝트를 완성해 보세요.

▲ 완성파일: 기초_14_01_완성

조건 **무대**
- 픽셀화 효과 '100'만큼 바꾸기
- 픽셀화 효과 '40'만큼 바꾸기
- 이전 그래픽 효과 지우기
- 각 효과 사이에 1초 기다리기

고양이 스프라이트
- 위치를 x: −95, y: −81로 정하기
- "생일 축하해!", "마우스로 케이크를 클릭하면", "즐거운 음악이 나올거야♬"를 각각 2초 동안 말하기

케이크 스프라이트
- 위치를 x: 80, y: −70으로 정하기
- 처음 모양을 'cake−b'로 정하기
- 마우스 포인터에 닿으면
  모양은 'cake−a'로 바꾸기
  크기는 150%로 정하기
  "Birthday"를 재생하기
  "생일 축하합니다〜" 말하기
- 마우스 포인터에 닿지 않으면 크기를 100%로 정하기
- 무한 반복하기

02 공을 클릭하면 공과 관련된 경기장으로 이동하는 프로젝트를 완성해 보세요.

▲ 완성파일: 기초_14_02_완성

조건

고양이 스프라이트
• 실행할 때, 보이기
• 배경을 'Stripes'로 바꾸기
• "공을 클릭하면", "경기장으로 이동해요~"를 각각 1초 동안 말하기
• "시작" 신호를 보내기
• "종료" 신호를 받았을 때 실행하고 보이기
• "다른 장소 이동은 [스페이스] 키를 누르세요."를 1초 동안 말하기
• 스페이스 키를 눌렀을 때 숨기기

Baseball 스프라이트
• 실행할 때, x: −130, y: 0으로 이동하고 숨기기
• "시작" 신호를 받았을 때, 보이기
• 마우스를 클릭할 때까지 반복하기
  만약 마우스 포인터에 닿았다면 크기를 135%로 정하고 아니면 크기를 100%로 정하기
• 이 스프라이트를 클릭했을 때 "이동중" 신호를 보내고 숨기기
• 배경을 'Baseball 1'로 바꾸기
• 2초 기다리기
• "종료" 신호를 보내기
• "이동중" 신호를 받았을 때 숨기기
• 스페이스 키를 눌렀을 때 배경을 'Stripes'로 바꾸기
• 크기를 100%로 정하고, 보이기

Basketball 스프라이트
• 실행할 때, x: 130, y: 0으로 이동하기
• 크기는 115%로 정하고, 숨기기
• "시작" 신호를 받았을 때 보이기
• 마우스를 클릭할 때까지 반복하기

만약 마우스 포인터에 닿았다면 크기를 135%로 정하고 아니면 크기를 115%로 정하기
• 이 스프라이트를 클릭했을 때 "이동중"을 신호를 보내고 숨기기
• 배경을 'Basketball 1'로 바꾸기
• 2초 기다리기
• "종료" 신호를 보내기
• "이동중" 신호를 받았을 때 숨기기
• 스페이스 키를 눌렀을 때 배경을 'Stripes'로 바꾸기
• 크기를 115%로 정하고, 보이기

Soccer 스프라이트
• 실행할 때, x: 0, y: 0으로 이동하기
• 크기는 115%로 정하고, 숨기기
• "시작" 신호를 받았을 때, 보이기
• 마우스를 클릭할 때까지 반복하기
  만약 마우스 포인터에 닿았다면 크기를 135%로 정하고 아니면 크기를 115%로 정하기
• 이 스프라이트를 클릭했을 때 "이동중" 신호를 보내고 숨기기
• 배경을 'Soccer 2'로 바꾸기
• 2초 기다리기
• "종료" 신호를 보내기
• "이동중" 신호를 받았을 때 숨기기
• 스페이스 키를 눌렀을 때 배경을 'Stripes'로 바꾸기
• 크기를 115%로 정하고, 보이기

01 태양계 행성을 순서대로 입력하여 맞추는 프로젝트를 완성해 보세요.

▲ 준비파일: 심화_14_01_준비 / 완성파일: 심화_14_01_완성

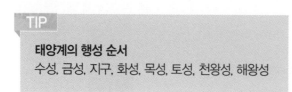

TIP

태양계의 행성 순서
수성, 금성, 지구, 화성, 목성, 토성, 천왕성, 해왕성

246 14 카드 맞추기 게임을 해요

조건 **변수와 리스트**
- "행성순서" 변수 만들기
- "컴퓨터 선택" 리스트를 만들어 8개의 행성 이름 입력하기
- "태양계 행성" 리스트 만들기
- '행성순서' 변수와 '태양계 행성' 리스트로 보이기

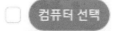
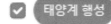

Pico 스프라이트
- 실행할 때, x: −81, y: −40에 위치하기
- 모양을 'pico−a'로 바꾸기
- "오늘은 우주에 왔어~"를 1초 동안 말하기
- '행성순서' 변수를 1로 정하기
- '태양계 행성'의 항목을 모두 삭제하기
- 다음 내용을 '컴퓨터 선택' 리스트와 '태양계 행성' 리스트가 일치할 때까지 반복하기
   모양을 'pico−a'로 바꾸기
   "태양계 행성을 순서대로 말해봐"라고 묻고 기다리기
   만약 변수에 저장된 숫자와 동일한 순서의 '컴퓨터 선택' 리스트 요소와 대답이 같다면
      대답을 '태양계 행성' 리스트에 추가하기
      모양을 'pico−c'로 바꾸기
      "맞았어!"를 2초 동안 말하기
      '행성순서' 변수를 1만큼 바꾸기
      만약 '행성순서' 변수에 9가 저장되어 있다면 "game over" 신호를 보내기
   만약 변수에 저장된 숫자와 동일한 순서의 '컴퓨터 선택' 리스트 요소와 대답이 같지 않다면
      모양을 'pico−d'로 바꾸기
      "틀렸어, 다시 맞춰봐~"를 2초 동안 말하기
- "game over" 신호를 받았을 때, '태양계 행성' 리스트 숨기기
- '행성순서' 변수를 숨기기
- x: 15 y: −43으로 이동하기
- 모양을 'pico−b'로 바꾸기
- "축하해, 다 맞췄어!"를 1초 동안 말하기
- 코드를 모두 멈추기

무대
- 실행할 때, 배경을 'Space'로 바꾸기
- "game over" 신호를 받았을 때, 배경을 'Galaxy'로 바꾸기

스크래치 3.0 스타트업 코딩

2020년 4월 20일 초판 1쇄 발행
2020년 4월 30일 초판 1쇄 인쇄

펴낸곳 ┃ (주)교학사

펴낸이 ┃ 양진오

주소 ┃ (공장) 서울특별시 금천구 가산디지털1로 42(가산동)

　　　　(사무소) 서울특별시 마포구 마포대로14길 4(공덕동)

전화 ┃ 02-707-5312(편집), 02-839-2505/707-5147(영업)

문의 ┃ itkyohak@naver.com

SNS ┃ http://itkyohak.blog.me(블로그) http://www.facebook.com/itkyohak(페이스북) @itkyohak(인스타그램)

등록 ┃ 1962년 6월 26일 제 18-7호

책을 만든 사람들

집필 ┃ 이원규 김자미 안영희

기획 ┃ 정보산업부

진행 ┃ 정보산업부

표지 및 본문 디자인 ┃ 정보산업부

교학사 홈페이지 ┃ http://www.kyohak.co.kr